IUS EUROPAEUM

Herausgegeben von:

Prof. Dr. Eva-Maria Kieninger
Prof. Dr. Eckhard Pache
Prof. Dr. Dr. h.c. Ulrich Sieber

in Verbindung mit dem
Europäischen Rechtszentrum
der Universität Würzburg

Band 68

Olaf Sosnitza | Eckhard Pache | Eric Hilgendorf | Tobias Reinbacher
Ralf Peter Schenke | Frank Peter Schuster | Kyrill-Alexander Schwarz
Joachim Suerbaum | Christoph Teichmann (Hrsg.)

Digitalisierung im Europäischen Recht

Nomos

Onlineversion
Nomos eLibrary

Die Deutsche Nationalbibliothek verzeichnet diese Publikation in der Deutschen Nationalbibliografie; detaillierte bibliografische Daten sind im Internet über http://dnb.d-nb.de abrufbar.

ISBN 978-3-8487-8716-6 (Print)

ISBN 978-3-7489-3107-2 (ePDF)

1. Auflage 2022

Vorwort

Die digitale Innovation, wie das Internet der Dinge, Digitalisierung von Produktions- und Unternehmensprozessen, Smart Services und Cloud Computing, Arbeiten in einer digitalisierten Arbeitswelt, intelligente Logistik und Mobilität, wirft zahlreiche Rechtsfragen auf vielfältigen Rechtsgebieten auf, die sowohl auf legislativer als auch auf judikativer Ebene maßgeblich unionsrechtlich geprägt sind. Gerade in diesen besonderen Zeiten gewinnt das Thema Digitalisierung immens an Bedeutung. Um im Rahmen des digitalen Wandels neuartige Technologien in Herstellungsprozesse zu implementieren und neue Produkte entwickeln und vermarkten zu können, müssen technische Rahmenbedingungen ergänzt werden, wozu das Verständnis der Verzahnung von nationalem und unionalem Recht unerlässlich ist. Dieser Thematik widmeten sich die 26. Würzburger Europarechtstage mit der Unterstützung des Europäischen Sozialfonds. Der vorliegende Band fasst die wesentlichen Inhalte und Referate dieser Veranstaltung zusammen.

Würzburg, im Januar 2022 *Die Herausgeber*

Inhalt

Europäischer Portalverbund

Thorsten Siegel

A. *Einleitung*

Gegenwärtig ist die Entwicklung von einer lediglich partiellen Digitalisierung zu einer möglichst umfassenden zu beobachten. Geradezu sinnbildhaft hierfür ist die Herausbildung eines Portalverbundes. Das Projekt eines Portalverbundes ist bereits durch das deutsche Onlinezugangsgesetz vorangetrieben worden (im Folgenden OZG)[1]. Einen ähnlichen Ansatz verfolgt nun auch der Europäische Gesetzgeber mit der Verordnung 2018/1724 (im Folgenden SDG-VO).[2] Nach dieser ist ein sog. „einheitliches digitales Zugangstor"/"Single Digital Gateway" zu errichten.[3] In dem Beitrag werden nach einer Skizzierung des verwaltungswissenschaftlichen Hintergrundes (B.) die rechtlichen Rahmenbedingungen dargestellt (C.). Nach einer Erläuterung des Wesens des Europäischen Portalverbundes (D.) stehen die erfassten Verwaltungsebenen (E.) und Sachleistungen (F.) im Mittelpunkt des Beitrags. Abschließend wird auf die Umsetzung der SDG-VO (G.) sowie auf die Nutzung durch Bürger und Unternehmen (H.) eingegangen. Stets wird ein vergleichender Blick auf den innerstaatlichen Portalverbund nach dem OZG geworfen.

B. *Verwaltungswissenschaftlicher Hintergrund*

Im Portalverbundes fließen mehrere Entwicklungslinien zusammen. Die erste Linie bildet die Einwicklung hin zu einem One-Stop-Government.[4] Danach sollen möglichst viele Verwaltungsleistungen aus einer Hand erlangt werden. Der Ursprung dieser Entwicklung lag in der Gründung von

1 Gesetz zur Verbesserung des Onlinezugangs zu Verwaltungsleistungen (Onlinezugangsgesetz) v. 14. August 2017, BGBl. I, 3122, 3138; zuletzt geändert durch G. v. 28. März 2021, BGBl. I, 591.

2 VO (EU) Nr. 2018/1724 v. 2. Oktober 2018 über die Errichtung eines einheitlichen digitalen Zugangstors, ABl. Nr. L 295 v. 21.11.2018, S. 1 ff.

3 Hierzu bereits *Siegel*, Der Europäische Portalverbund, NVwZ 2019, 905 ff.

4 Hierzu etwa *Reimer*, in: Schoch/Schneider (Hrsg.), VwVfG (2020), Rn. 32 vor § 71a.

Bürgerbüros in den 1980er Jahren. Im Verbundgedanken findet sie ihre Fortentwicklung. Die zweite Linie bildet die Digitalisierung der öffentlichen Verwaltung.[5] Die ersten bedeutsamen Schritte erfolgten hier in den 2000er Jahren. Einen wichtigen Meilenstein in dieser Entwicklung bildet die Anerkennung des vollautomatisierten Verwaltungsakts in § 35a VwVfG.[6] Einen weiteren Schub hat die Digitalisierung in der Corona-Krise erfahren.[7] Die dritte Linie bildet schließlich die zunehmende Europäisierung des Verwaltungsrechts.[8]

C. *Rechtliche Rahmenbedingungen*

Der Prozess der Digitalisierung kann durch Recht maßgeblich gesteuert werden. Dabei hat sich die Europäische Union zunehmend zu einem Impulsgeber entwickelt. Dies gilt etwa für die Vergabe öffentlicher Aufträge, die – aufgrund von Unionsrichtlinien – seit dem Jahr 2018 in weiten Bereichen in elektronischer Form durchzuführen ist.[9] Die sekundärrechtlichen Bestimmungen zur Digitalisierung im Allgemeinen werden regelmäßig auf die Harmonisierungskompetenzen der Art. 21 Abs. 2[10] und Art. 114 Abs. 1 AEUV[11] gestützt, so auch im Falle der SDG-VO.

D. *Wesen des einheitlichen digitalen Zugangstors*

Die Basis des einheitlichen digitalen Zugangstors ist in Art. 2 Abs. 1 der SDG-VO geregelt. Nach dessen Satz 2 besteht es aus einer von der Kommission verwalteten gemeinsamen Nutzerschnittstelle, welche in das bereits vorhandene Portal „Ihr Europa" integriert wird und Zugang zu den einschlägigen Websites der Union und der Mitgliedstaaten bildet. Damit

---

5 Übersicht über die einzelnen Schritte bei Siegel, Elektronisches Verwaltungshandeln, JURA 2020, 920 (923 f.).

6 Hierzu etwa *Schmitz/Prell*, Neues zum E-Government, NVwZ 2016, 1273 (1275 f.).

7 *Hufen/Siegel*, Fehler im Verwaltungsverfahren (7. Aufl. 2021), Rn. 26a iVm 19 ff.

8 Hierzu die einzelnen Beiträge in *Terhechte* (Hrsg.), Verwaltungsrecht in der Europäischen Union, 2. Aufl. 2022.

9 Hierzu umfassend *Vogt*, E-Vergabe, 2019.

10 Hierzu etwa Kluth, in: Calliess/Ruffert, EUV/AEUV (6. Aufl. 2022), Art. 21 AEUV Rn. 27 ff.

11 Hierzu etwa Korte, in: Calliess/Ruffert, EUV/AEUV (6. Aufl. 2022), Art. 114 AEUV Rn. 21 ff.

handelt es beim Zugangstor um einen die zahlreichen vorhandenen Portale überwölbenden Metaportalverbund. Ebenso wie beim Portalverbund nach dem OZG[12] agiert der Europäische Portalverbund lediglich im „Front Office" und lässt die Zuständigkeiten der nationalen Behörden im „Back Office" unberührt.[13] Dies ergibt sich explizit aus den Erwägungsgründen Nr. 24 bis 26 der Verordnung und ist zugleich wegen der Verfahrensautonomie der Mitgliedstaaten primärrechtlich geboten.[14] Die gebotene Zurückhaltung des europäischen Gesetzgebers kommt auch in der Bezeichnung des Zugangstors zum Ausdruck: Denn der im ursprünglichen Verordnungsentwurf noch enthaltene Begriff des „zentralen" digitalen Zugangstors[15] wurde in der endgültigen Fassung durch denjenigen des „einheitlichen" digitalen Zugangstors ersetzt.

Dieses Zugangstor erfasst drei Dimensionen: erstens den Online-Zugang zu Informationen nach Art. 4 f. der SDG-VO, zweitens – gleichsam als „Kernstück" – den Online-Zugang zu Verfahren nach Art. 6 der SDG-VO sowie drittens den Zugang zu Hilfs- und Problemlösungsdiensten nach Art. 7 der SDG-VO. Die jeweilige sachliche Reichweite der drei Stufen wird durch die drei Anhänge bestimmt, nämlich die Informationsbereiche in Anhang I, die erfassten Verfahren in Anhang II und die erfassten Hilfs- und Problemlösungsdienste in Anhang III der Verordnung. Die praktisch besonders bedeutsamen Qualitätsanforderungen an diese drei Dimensionen sind eingehend in Art. 9 ff. der Verordnung geregelt, die technischen Lösungen in Art. 18 ff.

E. Erfasste Verwaltungsebenen

I. Bund, Länder und Kommunen

Der Europäische Portalverbund erfasst alle innerstaatlichen Verwaltungsebenen, also die Bundesebene, die Landesebene sowie die kommunale

12 Zu dessen Wesen *Siegel*, Auf dem Weg zum Portalverbund, DÖV 2018, 185 (186).

13 *Pilz*, Der Vorschlag der EU Kommission für eine Verordnung zur Einrichtung eines zentralen digitalen Zugangstors, EuZW 2017, 922 (924).

14 Hierzu etwa *Ludwigs*, Die Verfahrensautonomie der Mitgliedstaaten, NVwZ 2018, 1417 ff.

15 COM (2017) 256 final, S. 21 (abrufbar unter http://ec.europa.eu/transparency/regdoc/rep/1/2017/DE/COM-2017-256-F1-DE-MAIN-PART-1.PDF, aufgerufen am 22.2.2022).

Ebene.[16] So nimmt bereits Erwägungsgrund Nr. 16 der Verordnung neben der regionalen Ebene explizit Bezug auf die lokale Ebene. Zudem definiert Art. 3 Nr. 4 der Verordnung als „zuständige Behörde“ neben den mitgliedstaatlichen Behörden auf nationaler und regionaler Ebene auch solche auf lokaler Ebene. Schließlich normiert Art. 39 Uabs. 4 der Verordnung explizite Berichtspflichten der Kommunalbehörden. Die Einbeziehung der kommunalen Ebene ist auch aus verwaltungswissenschaftlicher Sicht zu begrüßen; denn sie bildet für Bürger und Unternehmen oftmals die erste Anlaufstelle innerhalb der öffentlichen Verwaltung.

II. Vergleich mit dem Portalverbund nach dem OZG

Hingegen war bzw. ist beim Portalverbund nach dem OZG umstritten, ob auch die kommunale Ebene verpflichtet werden kann. Denn während aus Perspektive des Unionsrechts die innere Untergliederung der Mitgliedstaaten nicht relevant ist (s.o. E.I.), markiert nach innerstaatlichem Recht die Garantie kommunaler Selbstverwaltung eine spezifische „Sensibilitätsgrenze“, die durch das Aufgabenübertragungsverbot nach Art. 84 Abs. 1 S. 7 GG ausgestaltet wird.[17] Nach einer verbreiteten Ansicht ist das Durchgriffsverbot jedoch beschränkt auf Sachaufgaben, also materielle Verwaltungsaufgaben mit Außenwirkung.[18] Die im OZG den Kommunen auferlegten Pflichten sind daher überwiegend als mit Art. 84 Abs. 1 S. 7 GG vereinbar erachtet worden, da ihnen keine Sachaufgabe übertragen wird, sondern lediglich die Art und Weise der Erledigung vorhandener Aufgaben beeinflusst wird.[19] Allerdings hat das Bundesverfassungsgericht neuerdings in anderem Zusammenhang auch die Veränderung von „Standards“ mit erheblichen Auswirkungen auf die Organisations-, Personal- und Finanzhoheit der Kommunen als Aufgabenübertragung iSd Art. 84 Ab. 1 S. 7 GG

16 *Siegel*, Der Europäische Portalverbund, NVwZ 2019, 905 (907).

17 BVerfG, NJW 2020, 3232 (3235, dort. Rn. 48).

18 BVerwGE 156, 102 (110); *F. Kirchhof*, in Maunz/Dürig, Grundgesetz (2020), Art. 84 Rn. 162; *Kment* in Jarass/Pieroth, Grundgesetz (16. Aufl. 2020), Art. 84 Rn. 13.

19 *Herrmann/Stöber*, Das Onlinezugangsgesetz des Bundes, NVwZ 2017, 1401 (1403); *Siegel*, Auf dem Weg zum Portalverbund, DÖV 2018, 185 (188). Für eine Vereinbarkeit mit Art. 84 Abs. 1 S. 7 und Art. 85 Abs. 1 Satz 2 GG auch *Ruge*, in: Schmidt-Bleibtreu/Hofmann/Henneke, Grundgesetz (11. Aufl. 2019), Art. 91c Rn. 50. für eine Einordnung als „Hybid“ hingegen *Berger*, Die Digitalisierung des Föderalismus, DÖV 2018, 799 (804).

eingestuft.[20] Dies könnte auf eine gegenteilige Sichtweise hindeuten. Relevant würde diese Frage aber nur dann, wenn man nicht bereits in Art. 91c Abs. 5 GG eine Art. 84 Abs. 1 S. 7 GG verdrängende Sonderregelung erblickt.[21] Abgesehen davon sind einvernehmliche Lösungen ohnehin vorrangig, da sie die Akzeptanz stärken und zugleich dem Verhältnismäßigkeitsgrundsatz Rechnung tragen.

F. Sachlich erfasste Verwaltungsleistungen

I. Enumerationsprinzip nach der SDG-VO

Die von der SDG-VO sachlich erfassten Verwaltungsleistungen werden in den drei Anhängen zur Verordnung enumerativ aufgelistet. Dabei werden die Informationen, zu denen ein Zugang nach Art. 4 der Verordnung bestehen muss, in Anhang I aufgeführt, die von Art. 6 der Verordnung erfassten Verfahren in Anhang II und die von Art. 7 der Verordnung erfassten Hilfs- und Problemlösungsdienste in Anhang III. Zugleich partizipieren sie so allesamt an der Rechtsnatur der Verordnung und entfalten nach deren Inkrafttreten Bindungswirkung. Darüber hinaus sind die Anhänge nach Informationsbereichen für Bürger und Unternehmen (Anhang I) sowie nach bestimmten Lebensereignissen für Verwaltungsverfahren (z.B. Geburt, Wohnsitz, Studium usw.) unterteilt (Anhang II). Art. 6 Abs. 3 der SDG-VO statuiert bei für Verwaltungsfahren, welche das „Kernstück“ der Verordnung bilden[22], eine generalklauselartige Ausnahme bei übergeordneten Gründen des öffentlichen Interesses.

---

20 BVerfG, NJW 2020, 3232 (3240, dort. Rn. 86).

21 So *Guckelberger*, VVDStRL 78 (2019), 235 (355, Schlusswort). Zustimmend *Suerbaum*, in: BeckOK Grundgesetz (2021), Art. 91c Rn. 28. Ebenso zur Parallelregelung des Art. 91e GG BVerfGE 137, 108 (145, dort Rn. 87).

22 Zur dabei zu verwendenden Sprache vgl. Erwägungsgrund Nr. 19 der SDG-VO: Zu nutzen ist diejenige Amtssprache der Union, welche allgemein von der größtmöglichen Zahl an Nutzern verwendet wird.

II. Vergleich mit dem Portalverbund nach dem OZG

1. Regelungstechnik

Demgegenüber verfolgt das OZG einen anderen Regelungsansatz. Erfasst werden im Ausgangspunkt alle Verwaltungsleistungen. Ausgenommen sind lediglich die für einen Onlinezugang ungeeigneten Verwaltungsleistungen. Dies hat zwar keinen Eingang in den Wortlaut des OZG gefunden, ergibt sich aber aus der Entstehungsgeschichte.[23] Die fehlende Eignung kann rechtliche, tatsächliche oder auch wirtschaftliche Ursachen haben:[24] Eine tatsächliche Unmöglichkeit besteht etwa bei der Abfallbeseitigung, eine rechtliche Unmöglichkeit immer dann, wenn gesetzlich das persönliche Erscheinen angeordnet ist. Schließlich liegt eine wirtschaftliche Unmöglichkeit vor, wenn nach dem Maßstab eines vernünftigen Menschen ein grobes Missverhältnis zwischen den Kosten und der Nutzung einer Verwaltungsleistung besteht. Nach allgemeinen Grundsätzen sind die Ausnahmen aber eng auszulegen.[25] Abgesehen von diesen Ausnahmen beschränkt sich der Portalverbund nach dem OZG aber nicht auf die Zusammenführung vorhandener Online-Angebote, sondern erfasst auch die Bereitstellung bislang noch nicht online vorhandener Verwaltungsleistungen.[26]

2. Konkretisierung durch den OZG-Umsetzungskatalog

Aufgrund des grundsätzlich umfassenden Geltungsanspruchs des OZG hat der IT-Planungsrat im Juni 2018 einen OZG-Umsetzungskatalog beschlossen, der 575 Verwaltungsleistungen enthält und stetig fortentwickelt werden soll.[27] Die im Umsetzungskatalog aufgeführten 575 Verwaltungsleistungen sind wiederum untergliedert in drei Kategorien: bei 115 Typ-1-

23 BT-Drs. 18/12589, S. 143.

24 *Hermann/Stöber*, Das Onlinezugangsgesetz des Bundes, NVwZ 2017, 1401 (1404). Eingehend *Denkhaus/Richter/Bostelmann*, EGovG – OZG (2019), § 1 OZG Rn. 13 ff.

25 *Denkhaus/Richter/Bostelmann*, EGovG – OZG (2019), § 1 OZG Rn. 14.

26 *Hermann/Stöber*, Das Onlinezugangsgesetz des Bundes, NVwZ 2017, 1401 (1404); *Siegel*, Auf dem Weg zum Portalverbund, DÖV 2018, 185 (186).

27 Abrufbar unter https://www.it-planungsrat.de/DE/ITPlanungsrat/OZG-Umsetzung/Digitalisierungsprogramm/06_DigPro_OZG_Katalog/DigPro_OZG_Katalog_node.html (aufgerufen am 22.2.2022).

Leistungen liegen und Regelungs- und Vollzugskompetenz beim Bund, bei 370 Typ-2/3-Leistungen die Regelungskompetenz beim Bund und die Vollzugskompetenz bei den Ländern und Kommunen und schließlich bei 90 Typ-4/5-Leistungen Regelungs- und Vollzugskompetenz bei Ländern und Kommen.[28] Die Beschlüsse des IT-Planungsrats – und damit auch derjenige über den OZG-Umsetzungskatalog – werden zutreffenderweise als Verwaltungsvorschriften eingeordnet.[29]

III. Vergleichende Betrachtung der Reichweite

Vergleicht man die sachliche Reichweite beider Regelungswerke, so ist eine grundsätzliche Übereinstimmung zwischen den Anhängen zur SDG-Verordnung und dem OZG-Umsetzungskatalog festzustellen. Sofern Abweichungen im Detail festzustellen sind, bedarf es einer Harmonisierung. Weitergehende Anforderungen nach der SDG-VO wären wegen des Anwendungsvorrangs des Unionsrechts nach Inkrafttreten der Verordnung (dazu G.) ohnehin vorrangig. Da die SGO-VO lediglich einem Mindeststandard normiert, bliebe es umgekehrt dem innerstaatlichen Regelungswerk unbenommen, auch solche Sachleistungen einzubeziehen, die nicht von der SDG-VO erfasst sind. Auch hier sollte das Ziel jedoch eine möglichst umfassende Harmonisierung sein.

G. Die „Umsetzung“ der SDG-VO

Ein bedeutsamer Unterschied zwischen dem OZG und der SDG-VO ergibt sich aus den jeweiligen Umsetzungsfristen. Der innerstaatliche Portalverbund ist nach § 1 Abs. 1 OZG bis spätestens zum Ablauf des fünften auf die Verkündung des OZG folgenden Kalenderjahres umzusetzen, und damit bis zum 31. Dezember 2022. Im Gegensatz dazu sieht Art. 39 der SDG-VO abweichende Fristen vor: Viele Bestimmungen der Verordnung traten gemäß Art. 39 Uabs. 2 der SDG-VO bereits zum 12. Dezember 2020 in Kraft, darunter die Einrichtung des Zugangstors nach Art. 2, der Zugang von Informationen nach Art. 4 sowie der Zugang zu Hilfs- und Problemlösungsdiensten nach Art. 7 der Verordnung. Allerdings tritt Art. 6 der Ver-

---

28 Hierzu *Denkhaus/Richter/Bostelmann*, EGovG – OZG (2019), Einl. OZG Rn. 55 ff.

29 So *Schulz/Tallich*, Rechtsnatur des IT-Staatsvertrages und seiner Beschlüsse, NVwZ 2010, 1338 (1340 f.).

ordnung, welcher den Zugang zu Verfahren nach Anhang II regelt und letztlich das „Kernstück" des Europäischen Portalverbundes bildet, nach deren Art. 39 Uabs. 3 erst am 12. Dezember 2023 und damit nach der Umsetzungsfrist für den Portalverbund nach dem OZG in Kraft.

H. Nutzung des SDG durch Bürger und Unternehmen

I. Fakultative Nutzung

Mit dem einheitlichen digitalen Zugangstor soll Bürgern und Unternehmen ein Angebot unterbreitet werden, dieses zu nutzen. Insbesondere sieht Art. 6 Abs. 1 der SDG-VO vor, dass die Verwaltungsverfahren vollständig abgewickelt „können", aber eben nicht müssen. Damit entspricht damit die Rechtslage grundsätzlich derjenigen nach dem OZG, nach dessen § 1 Abs. 1 das Online-Angebot die klassischen Zugangsmöglichkeiten ergänzt.[30] Anders als etwa in weiten Bereichen des neuen Vergaberechts[31] ist damit (noch) keine obligatorische Online-Nutzung vorgesehen. Allerdings wird die fortbestehende Möglichkeit zur Nutzung der „klassischen" Zugangsmöglichkeiten in der SDG-VO weniger stark betont als in § 1 Abs. 1 OZG.

II. Einräumung subjektiver Rechte?

Von der Schaffung objektiver Pflichten zur Einrichtung des Zugangstors und der einzelnen Zugangsdimensionen zu unterscheiden ist die Frage, ob damit auch subjektive Rechte der Bürger und Unternehmen verbunden sind. Der Entstehungsgeschichte des OZG lässt sich entnehmen, dass mit diesem Gesetz keine solchen subjektiven Rechte geschaffen werden.[32] Die Wahrung der (objektiven) Rechtmäßigkeit verbleibt daher Aufgabe der jeweiligen Aufsichtsbehörden. Anders verhält es sich mit dem einheitlichen digitalen Zugangstor nach der SDG-VO. Diese ist nicht allein auf Bürger und Unternehmen ausgerichtet, sondern betont mehrfach die Verwirk-

30 *Hermann/Stöber*, Das Onlinezugangsgesetz des Bundes, NVwZ 2017, 1401, 1404.

31 Hierzu *Siegel*, Elektronisierung des Vergabeverfahrens, LKV 2017, 385 (387 f. und 391).

32 BT-Drs. 18/11135, S. 91.

lichung von Binnenmarktrechten.[33] Darüber hinaus sollen nach Erwägungsgrund Nr. 34 die Nutzer auch Informationen über die allgemein verfügbaren Rechtsbehelfe im Falle eines negativen Ausgangs des Verfahrens erhalten. Daher sprechen gute Gründe dafür, dass letztlich auch subjektive Rechte der Bürger und Unternehmen eingeräumt werden sollen.[34] Zwar wäre zu hinterfragen, ob diese Rechte auch isoliert durchsetzbar sind. Hier könnte das Rechtsschutzbedürfnis in Frage stehen, das im Hinblick auf Verfahrenshandlungen in § 44a VwGO seine Konkretisierung gefunden hat.[35] Allerdings ist diese Bestimmung bei durch Unionsrecht begründeten Verfahrensrechten einschränkend auszulegen.[36]

I. Fazit und Ausblick

Der innerstaatliche Portalverbund nach dem OZG und der Europäische Portalverbund nach der SDG-VO stimmen in ihrer Grundausrichtung überein. Insbesondere sind sie auf die möglichst umfassende digitale Erbringung von Verwaltungsleistungen ausgerichtet. Auch die erfassten Verwaltungsebenen und sachlichen Verwaltungsleistungen decken sich zumindest im Grundsatz. Abweichungen sind insbesondere bei der Umsetzungsfrist sowie bei der Frage festzustellen, ob mit den objektiven Pflichten auch subjektive Rechte korrespondieren. Gleichwohl sollte bei der Einrichtung des Portalverbundes eine möglichst umfassende Harmonisierung das Ziel sein.

---

33 Etwa in Erwägungsgrund Nr. 4 und 6 der SDG-VO.

34 *Siegel*, Der Europäische Portalverbund, NVwZ 2019, 905 (909).

35 Hierzu etwa *Kopp/Schenke*, VwGO, 26. Aufl. 2020, § 44a Rn. 5 ff.

36 *Hufen/Siegel*, Fehler im Verwaltungsverfahren, 7. Aufl. 2021, Rn. 997.

Die strafprozessuale Datenbeschlagnahme im Zeitalter der Digitalisierung[1]

Dr. Eren Basar

A. *Die Digitalisierung des Beweisrechts*

Das Thema „Digitalisierung im Strafverfahrensrecht" erzeugt nicht selten futuristische Vorstellungen wie z.B. die Frage, ob Richter in Zukunft durch einen Roboter ersetzt werden könnten.[2] In der Wirklichkeit des Strafverfahrensrechts spielen solche Ideen (noch) keine Rolle. Gleichwohl kann bereits eingangs festgehalten werden, dass vor allem die Ermittlungsbehörden von der Digitalisierung profitiert haben. Diese hat nämlich dazu geführt, dass die Beweisgewinnung für die Strafverfolgungsorgane in den meisten Konstellationen deutlich ertragreicher geworden ist. Dies folgt in erster Linie daraus, dass durch die zunehmende Digitalisierung des Lebensalltags mehr Datenspuren erzeugt werden. Es gibt jedenfalls nur noch wenige Bereiche, in denen nicht digitaler Output erzeugt wird. Das weckt Begehrlichkeiten.

I. *Metainformationen als beweisrechtlicher Mehrwert*

Ein persönliches Beispiel mag dies vielleicht verdeutlichen: Vor einigen Tagen erhielt ich eine E-Mail von einem (bekannten) Streamingdienst, in der dieser anregt, dass ich mir „noch einmal" meine Lieblingsmomente aus den Serien und Filmen der vergangenen Zeit ansehe. Für die meisten mag dies wenig spektakulär erscheinen. Es zeigt aber, welche Fülle an Daten wir erzeugen. Dieser Streamingdienst hat analysiert, dass ich

---

1 Der Beitrag basiert auf einem Onlinevortrag des Verfassers auf den 26. Würzburger Europarechtstagen am 21.11.2020 und wurde für die Veröffentlichung mit Fußnoten versehen. Der Vortragsstil wurde dabei beibehalten.

2 So lautet der Titel des Beitrags von *Gless/Wohlers*, in: FS Kindhäuser (2019), S. 147 „Subsumtionsautomat 2.0 – Künstliche Intelligenz statt menschlicher Richter?" Die Verfasser sind sich bewusst, dass dies eine Vorstellung aus dem Bereich der Science-Fiction ist und halten als Ergebnis (S. 164) fest, dass es wenig wahrscheinlich sei, dass Richter durch Roboter ersetzt würden.

häufig, statt einen kompletten Film anzusehen, bestimmte „berühmte" oder „nachdenkliche" Szenen aus verschiedenen Filmen anschaue. Auf den ersten Blick wirkt diese Information vielleicht harmlos. Aber auch solche Daten können bei der Beweiswürdigung im Strafverfahrensrecht eine Rolle spielen.[3] Deshalb ist es auch keine Überraschung, dass Ermittler immer mehr – und vor allem bei Durchsuchungen – auf Daten zugreifen (wollen). Das hängt mit einer zweiten Verbesserung zusammen, die die Digitalisierung für Strafverfolger bedeutet. Der Zugriff auf Daten betrifft nicht nur die Inhalte, sondern die „Metainformationen",[4] die einen Rückschluss auf das ganze Benutzerverhalten zulassen.[5] Letzteres spielt in vielen Verfahren mittlerweile eine nicht zu unterschätzende Rolle. Stellen Sie sich vor, es geht bei der Beweisführung darum festzustellen, wer bei Vertragsverhandlungen für die (untreuerelevante) letzte eingefügte Passage verantwortlich gewesen ist. Im analogen Zeitalter hätte man dazu ausschließlich über den Zeugenbeweis Feststellungen treffen können. Aufgrund der Digitalisierung und der mit ihr verbundenen Erzeugung von Spuren in Dateien kann heute in vielen Fällen problemlos nachvollzogen werden, wer wann und wie auf das Dokument zugegriffen hat.[6]

II. E-Mails im Zentrum des Interesses

Eine weitere Erkenntnismöglichkeit der Ermittler ist der Zugriff auf E-Mails. Hierdurch können Ermittler in komplexen Verantwortungsgefügen schnell nachvollziehen, wer (vermeintlich) über welchen Vorgang informiert gewesen ist.[7] Damit verbunden ist zum Teil auch ein Einblick in die

---

3 Im Rahmen eines Verfahrens wegen des Verdachts des Totschlags kann es darauf ankommen, dass der Beschuldigte zu einer bestimmten Zeit an einem bestimmten Ort gewesen sein soll. Wenn dieser Beschuldigte zu seiner Entlastung vortragen würde, dass er an diesem Abend stattdessen zu Hause saß und sich „Fernsehschnipsel" aus verschiedenen Fernsehserien angesehen hat, könnte über eine Anfrage beim Streamingdienst diese Beweistatsache überprüft werden und die Glaubhaftigkeit der Einlassung überprüft werden.

4 Das sind nach *Kochheim*, Cybercrime und Strafrecht in der Informations- und Kommunikationstechnik (2015), Glossar, Daten, die in den Daten enthalten sind. *Savic*, Die digitale Dimension des Strafprozessrechts (2019), S. 84 beschreibt die Metadaten als Kontext-Daten, also solche Daten, die das Dokument, dem sie beigefügt werden, beschreiben oder zusätzliche Informationen hierzu geben.

5 *Blechschmitt*, MMR 2018, 361, 362.

6 *Basar*, in: FS Wessing (2015), S. 635, 639.

7 *Lepper*, CCZ 2018, 178.

Gedankenführung der Verfasser von E-Mails, was die Beweisführung im subjektiven Tatbestand erleichtern kann. Bekanntlich ist der Nachweis des Vorsatzes nur selten direkt möglich, sondern wird aus begleitenden Umständen gewonnen. Insofern ist die Digitalisierung für Ermittler auch unter diesem Gesichtspunkt eine positive Entwicklung. Die Bedeutung dieses Zugriffs darf man nicht unterschätzen. Nicht ohne Grund hat zuletzt das Landgericht Görlitz für den Bereich der Digitalisierung hervorgehoben, dass auf Smartphones und ähnlichen Geräten intimste Inhalte zu finden sind. Hinsichtlich der Qualität dieser Kommunikation hat das Gericht eine Parallele zu Tagebucheinträgen gezogen.[8] Erstaunlich ist, dass die Strafprozessordnung zur Sicherstellung und Beschlagnahme von Daten unverändert § 94 StPO als Eingriffsnorm zur Verfügung stellt. Am Anfang der Digitalisierung stand rechtlich die Frage im Raum, ob Daten überhaupt eigenständig sichergestellt werden könnten. Grund für diese Diskussion war der Umstand, dass in § 94 Abs. 1 StPO ausschließlich von *Gegenständen* die Rede ist.[9] Die Zulässigkeit der Sicherstellung von Daten ist allerdings durch die Rechtsprechung[10] geklärt und steht in der Praxis auch nicht zur Diskussion.

B. Leitentscheidungen zum digitalen Beweisrecht

Angesichts der Funktion des § 94 StPO als Generalnorm zur Sicherstellung von Daten verwundert es nicht, dass die aus der Praxis resultierenden Fragen ebenfalls durch die Rechtsprechung geklärt werden mussten. Die Entscheidungen betrafen die generelle Zulässigkeit der Sicherstellung von Daten,[11] die Voraussetzungen für den Zugriff auf E-Mails,[12] die Separierung von Daten,[13] das digitale Akteneinsichtsrecht der Verteidigung,[14] den

---

8 LG Görlitz, Beschluss vom 18. Juni 2020 – 3 Qs 67/20 (Juris): „Der moderne Mensch hat den größten Teil seiner - teilweise intimsten – Kommunikation auf solchen Geräten gespeichert. Teilweise werden dort auch Selbstreflexionen niedergelegt. Die Parallele zum besonderen Schutz von Tagebucheinträgen drängt sich förmlich auf."

9 In anderen Vorschriften hat der Gesetzgeber bereits Anpassungen vorgenommen. So ist seit 2018 für den Urkundsbeweis in § 249 Abs. 1 S. 2 StPO definiert, dass elektronische Dokumente Urkunden sind.

10 BVerfG, Beschl. v. 12.04.2005 – 2 BvR 1027/02 = NJW 2005, 1917.

11 BVerfG, Beschl. v. 12.04.2005 – 2 BvR 1027/02 = NJW 2005, 1917.

12 BVerfG, Beschl. v. 16.06.2009 – 2 BvR 902/06 = MMR 2009, 673.

13 BVerfG, Beschl. v. 20.09.2018 – 2 BVR 708/18 = NJW 2018, 3571.

14 BGH, Beschl. v. 11.02.2014 – 1 StR 355/13 = StV 2015, 10.

Rechtsschutz gegen die Datenbeschlagnahme nach Erledigung der Maßnahme,[15] die Rückgabeverpflichtung von Datenträgern[16] und die Pflicht zur Löschung von Daten.[17] Zugespitzt lässt sich sagen, dass der Gesetzgeber keine dieser Fragen selbst geregelt hat. Die Digitalisierung des Strafverfahrensrechts wird vornehmlich durch die Rechtsprechung geformt. Das führt dazu, dass nicht alle Fragen geklärt sind.[18] Für die Datenbeschlagnahme halte ich immer noch den Beschluss des Bundesverfassungsgerichts aus dem Jahr 2005 für die wichtigste Entscheidung.[19] Das Bundesverfassungsgericht hat hier nicht nur allgemein über die Zulässigkeit der Sicherstellung von Daten befunden, sondern tatsächlich auch Eckpunkte zur Vorgehensweise der digitalen Sicherstellung beschrieben. Erstaunlicherweise sind die Ausführungen von damals auch heute noch für die Praxis relevant und haben sich durchaus als „best practice"-Lösung bewährt. Ausgangspunkt war, dass das Bundesverfassungsgericht für die Durchsuchung, Sicherstellung und Beschlagnahme von Datenträgern das Gebot aufgestellt hat, der Zugriff auf für das Verfahren bedeutungslose Informationen müsse im Rahmen des Vertretbaren vermieden werden. Damit hat das Bundesverfassungsgericht dem *umfassenden* Zugriff auf Datensätze strafprozessual[20] grundsätzlich[21] den Riegel vorgeschoben.[22] Dieser Grundsatz ist deswegen von besonderer Bedeutung, weil in der Praxis kaum noch Durchsu-

15 LG Nürnberg-Fürth, Beschl. v. 22.12.2017 – 18 Qs 49/17 = ZD 2018, 317.

16 OLG Schleswig, Urteil v. 21.12.2017 – 11 U 68/17 = NStZ-RR 2018, 38.

17 BayObLG München, Beschl. v. 27.01.2020 – 203 Vas 1846/19 (Juris).

18 Am drängendsten betrifft dies die Gratwanderung zwischen dem Grundsatz der Sicherstellung der Authentizität elektronischer Daten und dem rechtlichen Gebot der Datenminimierung, vgl. hierzu *Basar/Hieramente*, NStZ 2018, 681; *Rückert*, in: Hoven/Kudlich, Digitalisierung und Strafverfahren (2020), S. 9, 11. Der Grundsatz der Datenminimierung gilt nach § 47 BDSG auch für Strafverfolgungsbehörden.

19 BVerfG, Beschluss vom 12.04.2005 – 2 BvR 1027/02 = NJW 2005, 1917.

20 Für die Verdachtsgewinnung spielen auch die polizeilichen Datenbanken eine wichtige Rolle, vgl. *Singelnstein*, in: FS Rogall (2018), S. 725, 729.

21 Anders soll es sein, wenn eine Begrenzung faktisch oder technisch nicht gewährleistet werden kann. Das Gericht hat aber darauf hingewiesen, dass die Möglichkeiten ausgeschöpft werden müssen. Aus forensischer Sicht ist dagegen eine Vollsicherung vorzugswürdig, vgl. *Jahn/Brodowski*, in: Hoven/Kudlich, Digitalisierung und Strafverfahren (2020), S. 67, 75. Zur Auflösung dieses Spannungsverhältnisses vgl. *Basar/Hieramente*, NStZ 2018, 681, 685.

22 Wörtlich: „Der Zugriff auf den gesamten Datenbestand ist nicht erforderlich, wenn die Sicherung der beweiserheblichen Daten auf eine andere, die Betroffenen weniger belastende Weise ebenso gut erreicht werden kann", BVerfG NJW 2005, 1917, 1920.

chungen durchgeführt werden, bei denen die Ermittler nicht sofort (!) auf die IT zugreifen. Die Digitalisierung hat hier zu einer radikalen Trendwende geführt. Die Sicherstellung von digitalisierten Informationen war zu Beginn von großem Vorteil für die Betroffenen, weil ansonsten die Sicherstellung der entsprechenden Papierakten „drohte“. Noch zu Beginn meiner Tätigkeit als Rechtsanwalt habe ich Verfahren erlebt, in denen aufgrund der Sicherstellung der Arbeitsunterlagen eine bereits bestehende Schieflage im Unternehmen zur Insolvenz des betroffenen Unternehmens oder Unternehmers geführt hat. Eine solche Situation wird durch die technisierte Beweiserhebung erfreulicherweise vermieden. Dagegen steht aber, dass bei der digitalisierten Beweissicherung die Grenze zwischen (zulässigen) Zufallsfunden und (unzulässigen) Strukturermittlungen leicht verwischen kann.[23]

C. Ungelöste strafprozessuale Probleme

Während die grundsätzliche Bedeutung der Digitalisierung für die Beweiserhebung damit nicht in Rede steht, stellen sich in der Praxis eine ganze Reihe von sich hieran anschließenden Fragestellungen. Dies betrifft die Fragen, (1.) ob bei einer Durchsuchung die Daten oder die Geräte sichergestellt werden bzw. wann welche Art der Sicherstellung vorzuziehen ist, (2.) welche Kriterien bei der Selektion der Daten herangezogen werden, (3.) wie Daten in der Cloud forensisch exakt sichergestellt werden (können), (4.) wie mit Passwörtern bei verschlüsselten Systemen umzugehen ist, (5.) ob und wann der gesamte Server sichergestellt werden kann, (6.) wie die Beeinträchtigung im System minimal bleiben kann und (7) unter welchen Bedingungen eine Vereinbarung zwischen der Staatsanwaltschaft und den Betroffenen in Betracht kommt. All diese Fragen können in jeder Durchsuchung akut werden und bedürfen dann einer entsprechenden Lösung. Ich will versuchen, einige der beschriebenen Probleme aus Sicht der Praxis „aufzulösen“.

Bezüglich der Frage, ob bei einer Durchsuchung die Daten oder die Geräte sichergestellt werden, gilt, dass die Ermittler dazu neigen, die mobilen Geräte physisch sicherzustellen.[24] Hintergrund ist hier, dass diese einfach zu transportieren sind und eine Ortsbesichtigung oder Sicherung einen

---

23 *Basar*, in: FS Wessing (2015), S. 635, 635.

24 Zu den denkbaren Varianten *Bell*, Beschlagnahme und Akteneinsicht bei elektronischen Medien (2016), S. 11 f.

größeren Aufwand nach sich ziehen würde. Gleichwohl ist es für die Auswertung mittlerweile Standard, dass (auch) von diesen Geräten zunächst 1:1-Kopien gefertigt werden.[25] Bei größeren Geräten präferieren die Ermittler eine Sichtung und Sicherung vor Ort. Das kann insbesondere in Unternehmen dazu führen, dass Durchsuchungen mehrere Tage dauern, weil geklärt werden muss, welche Daten mitgenommen werden. Manchmal ist die Datenmenge dann so groß, dass die Sicherstellung über mehrere Nächte „laufen" muss. Vorsicht ist geboten, wenn es darum geht, die sogenannten Metadaten (mit-)zusichern. Ohne sogenannte „Schreibblocker" kann das einfache Kopieren von Information dazu führen, dass entsprechende Informationen beim Kopiervorgang überschrieben werden.[26] Beim Zugriff auf Server stellt sich hier allerdings das Problem, dass diese im laufenden Betrieb sind und so eine entsprechende Veränderung im System durch den Zugriff nicht vermieden werden kann. Hier wird man den Zugriff daher dokumentieren müssen, um die Integrität und den Beweiswert der betroffenen Daten zu gewährleisten.[27] In der Praxis ist es daher nicht unüblich, dass bei der Sicherstellung von Daten in Live-Systemen „Verhandlungen" über die Vorgehensweise geführt werden. Diese Gespräche leben davon, dass der Betroffene bereit ist, bestimmte Daten zur Verfügung zu stellen. Natürlich handelt es sich dabei nicht um eine „Basar-Feilscherei", weil für die Ermittler unverändert § 160 StPO gilt. Gegenstand solcher Gespräche können alle Aspekte einer digitalen Sicherstellung sein. In bestimmten Fällen kommt auch eine Datenlieferungsvereinbarung in Betracht.[28] Die Beteiligung des durch die Durchsuchung Betroffenen ist allerdings durch die DSGVO „verkompliziert". Hier besteht nämlich eine Sollbruchstelle zur StPO. Aufgrund der in Art. 2 Abs. 2 lit. d) DSGVO verankerten Regelung, müssen die Ermittlungsbehörden im Strafverfahrensrecht die Vorgaben der DSGVO nicht beachten. Dies gilt allerdings nicht für die Betroffenen einer Durchsuchungsmaßnahme mit der Folge, dass diese nicht völlig frei über diese Daten disponieren können. Aus Letzterem ergeben sich in der Praxis auch eine ganze Reihe von (bislang ungenutzten) Verteidigungsoptionen.[29] Bemerkenswert ist allerdings, dass ohne die Unterstützung der Betroffenen die Sicherstellung von Daten vor Ort die Ermittler vor große Herausforderungen stellen kann. Dies gilt nicht zu-

---

25 *Geschonneck*, Computer-Forensik, (6. Aufl. 2014), S. 91.

26 *Basar*, in: FS Wessing (2015), S. 635, 645.

27 *Heinson*, IT-Forensik (2018), S. 150; zum strafprozessualen Gebot der Authentizität von Beweismitteln *Basar*, in: FS Wessing (2015), S. 635, 641.

28 *Wenzl*, NStZ 2021, 395.

29 Zum Ganzen *Basar*, StraFo 2019, 222, 225.

letzt auch für die Sicherstellung von Daten in Clouds. Für eine Vielzahl von Cloud-Anbietern gilt, dass die Daten, die sich in der Cloud befinden, sich physisch nicht am Ort der Durchsuchung befinden. Nach unverändert herrschender Ansicht ist in diesem Punkt ohne die Hilfe der Betroffenen Schluss für die Ermittler. Diese haben bekanntlich – auch über § 110 Abs. 3 StPO – keine rechtliche Möglichkeit, von Deutschland aus auf Daten im Ausland zuzugreifen.[30] Ob dies so bleiben wird, wird man abwarten müssen.[31]

Ein zunehmendes Problem in der Praxis sind Passwörter bei verschlüsselten Systemen. Bei Durchsuchungen von Unternehmen ist dies allerdings seltener der Fall. Hintergrund ist, dass hier oftmals eine Sicherung an (laufenden) Servern erfolgt. Die Problematik des Zugriffs auf Datenträger spielt vor allem bei Smartphones eine erhebliche Rolle. Viele marktübliche Geräte bieten eine so gute Grundverschlüsselung an, dass Ermittler nicht oder nur mit großem Aufwand in der Lage sind, den Passwortschutz auszuhebeln und die auf dem Gerät befindlichen Daten zu entschlüsseln. In 80 % der Fälle fordern die Ermittler daher zunächst die Passwörter bei den Betroffenen an. Für mich etwas überraschend stimmen viele (unverteidigte) Beschuldigte dem zu und stellen ihr Passwort freiwillig zur Verfügung. Dies ist vor allem in Wirtschaftsstrafverfahren weit verbreitet. Ich bin mir sicher, dass wir in Deutschland eine andere Diskussion führen würden, wenn die Betroffenen bezüglich ihrer Passwörter gegenüber den Ermittlern zurückhaltender agieren würden. In Großbritannien besteht nach dem Regulation of Investigatory Powers Act aus dem Jahr 2000 für *Beschuldigte* die Pflicht, elektronische Schlüssel zur Verfügung zu stellen.[32] Und last but not least besteht das in der Praxis unzureichend gelöste Problem, wie mit der Auswertung von großen Datenmengen verfahren werden soll. Der Umfang der Daten ist für die meisten Ermittler und Landeskriminalämter in großen BTMG-, OK- und Wirtschaftsstrafverfahren kaum zu beherrschen. Teilweise sind die Landeskriminalämter so schwach besetzt, dass für einzelne Auswertungen von Handys ein Vorlauf von über einem Jahr eingerechnet werden muss. Daher hat sich mittlerweile ein Markt von EDV-Experten entwickelt, die den Ermittlungsbehörden ihre Unterstützung anbieten. Rechtlich ist die Art der Zusammenarbeit bislang nur rudi-

---

30 Zuletzt bestätigt im sog. "Jones Day" Verfahren vgl. BVerfG, Beschl. v. 27.06.2018 – 2 BvR 1405/17.

31 Zur geplanten E-Evidence-Verordnung vgl. den Beitrag von *Esser* in diesem Band. Eine erste Übersicht liefert *Basar*, Juris-PR Strafrecht 5/2019 Anm. 1; vgl. dann die Entscheidung des LA Koblenz, einführend *Hieramente/Basar*, Juris-PR Strafrecht.

32 Zur Rechtslage in Deutschland *Rottmeier/Eckel*, NStZ 2020, 193.

mentär geregelt. In der Praxis werden die entsprechenden (privaten) Unternehmen von der Staatsanwaltschaft als Sachverständige nach § 73 StPO benannt. Die Auswahl der Sachverständigen erfolgt nach den für Sachverständige üblichen Grundsätzen. Insofern ist bei der Bestellung wenig Kontrolle hinsichtlich der Qualifikation des Gutachters vorhanden. Ob es sich in der Sache noch um eine Tätigkeit als Sachverständiger oder schon um ausgelagerte Ermittlungstätigkeit handelt, ist Gegenstand einer aktuellen Diskussion.[33] Man wird angesichts der limitierten Ressourcen der Ermittlungsbehörden in Zukunft sicherlich nicht umhinkommen, private Unternehmen in die Ermittlungsarbeit einzubeziehen. Anders wird das Ressourcenproblem nicht lösbar sein. Gleichwohl wird es hierzu ein klares rechtliches Korsett geben müssen, das zwischen (interessengeleiteter) Ermittlungsarbeit und (unabhängiger) Tätigkeit als Sachverständiger klar unterscheidet und Qualitätsstandards für die digitale Zuarbeit definiert. All diese Problemkreise zeigen, dass die Digitalisierung das strafprozessuale Beweisrecht viel stärker verändert als der rechtliche Rahmen dies vermuten lässt. Teilweise werden Grundsätze des Strafverfahrensrechts tangiert. Vor dem Hintergrund der allgemeinen Entwicklung des Strafrechts und des Strafverfahrensrechts hin zu einem auf Sicherheit bedachten Steuerungsinstrument liegt es in der Natur der Sache, dass die Lösungen darauf zielen, der Beweiserhebung keine Steine in den Weg zu legen. Gedankengänge, die die Rechte des Beschuldigten stärken, finden sich dagegen nur selten.

D. Beweisstücke

Durch die Digitalisierung erleben wir einen Prozess der gleichzeitigen Technisierung des Strafverfahrens. Die Problematik der Auswertung der sichergestellten Daten zeigt, dass es vor allem auch um Ressourcen zur Aufklärung geht. In manchen Verfahren entwickelt sich nahezu eine Materialschlacht. Dabei geht es um die Frage, ob der Beschuldigte oder das neben ihm betroffene Unternehmen Zeit und Aufwand in die Hand nehmen, um die Daten schneller und besser auszuwerten als die Ermittlungsbehörden es tun können. Hier geht es nicht selten um die Verfahrens- und Deutungshoheit in der Beweiswürdigung. Aus Sicht der Verteidigung, die die Grundrechte der Beschuldigten zu wahren hat, existieren zwei Hauptprobleme. Zum einen besteht immer noch Streit um das Akteneinsichtsrecht in digitale Asservate. Desweiteren sind die Verteidiger regelmäßig

33 *Wackernagel/Graßie*, NStZ 2021, 12.

technisch gar nicht in der Lage, eine solche Auswertung vorzunehmen. Anders als die Staatsanwaltschaft verfügen die Verteidiger nicht über eigene Ermittlungsbeamte, die eine solche Auswertung vornehmen können.

I. Das (fehlende) Akteneinsichtsrecht

Hinsichtlich der Akteneinsicht in digitale Asservate – bzw. korrekt formuliert: in die Kopien von Asservaten – besteht derzeit eine rechtliche Diskussion. Um sich der Bedeutung dieser Frage gewahr zu werden, mag folgender Standardfall einen Einstieg bieten: Die Staatsanwaltschaft sichert in einem Strafverfahren gegen zwei Geschäftsführer eines Unternehmens 100.000 E-Mails aller mit einem bestimmten Projekt befassten Mitarbeiter. Gemäß den Vorgaben der Rechtsprechung hat die Staatsanwaltschaft eine Selektion vorgenommen, die mit Suchworten vorbereitet wurde. Zugleich erfolgte auch eine zeitliche Eingrenzung der gesichteten E-Mails. In der Praxis werden nicht alle E-Mails zur (digitalen) Akte genommen, sondern in der Regel nur diejenigen, die bei der Auswertung (durch die Kriminalpolizei oder den Sachverständigen) als für die Ermittlung relevant angesehen worden sind. Es versteht sich von selbst, dass die Selektion durch die im Raum stehende Verdachtshypothese geprägt wird und entlastende E-Mails nur selten gefunden werden. Ich kenne nicht wenige Verfahren, wo ich – meine Kanzlei verfügt über dasselbe Auswertungsprogramm wie die meisten Ermittlungsbehörden – nach eigener Auswertung zu einem völlig anderen Befund gelangt bin als die Ermittler in ihren forensischen Berichten. Dies hat mehrere Gründe: Zum einen suche ich als Verteidiger – anders als die ohnehin mit knapper Zeit ausgestatteten Beamten – natürlich *aktiv* nach Entlastungsmomenten. Außerdem habe ich mich unmittelbar mit dem Sachverhalt und der Akte auseinandergesetzt. Bei den Auswertungen der Ermittlungsbehörden werden diese von Sachbearbeitern durchgeführt, die den Fall selbst gar nicht bearbeiten. Das führt dann dazu, dass Inhalte meist isoliert und nicht kontextbezogen bewertet werden. Dabei ist für die Verteidigung von Vorteil, dass sie auf das Wissen des (beschuldigten) Mandanten zugreifen kann und so in bestimmten Konstellationen einen Wissensvorsprung hat.[34] Das alles verdeutlicht, warum es für die Verteidigung essenziell ist, denselben Zugang zu den unbearbeiteten Datensätzen zu erhalten wie die Ermittlungsbehörden. In der Praxis muss die-

34 *Schlothauer*, in: MAH Strafverteidigung (2. Aufl. 2014), Teil B. Verteidigung in den einzelnen Abschnitten des Strafverfahrens § 3 Ermittlungsverfahren Rn. 57.

ser Zugang allerdings immer wieder erstritten werden. Die strafprozessuale Qualität der digitalen Asservate hinsichtlich § 147 StPO, der das Akteneinsichtsrecht für die Verteidigung regelt, ist nicht geklärt. Bestritten wird, ob digitale Daten Bestandteil der Akte sind (oder sein müssen) oder als Beweisstücke im Sinne von § 147 Abs. 4 StPO zu werten sind. Hintergrund dieses Streits ist die Frage, ob die Verteidigung einen Anspruch auf Überlassung der Daten hat oder ob – wie für originale Beweisstücke grundsätzlich vorgesehen – ein Mitgabeverbot gilt und die Einsichtnahme in den Räumlichkeiten der Justiz vorzunehmen ist.[35] Hierzu hat sich mittlerweile auch eine ganze Reihe von Oberlandesgerichten positioniert. Einige Oberlandesgerichte haben das Mitgabeverbot bestätigt; andere haben der Verteidigung einen entsprechenden Anspruch zugesprochen.[36]

II. Auswertungsstrategien

Die Bedeutung dieser Frage wird erst dann deutlich, wenn man sich vergegenwärtigt, was die Konsequenz dieser Entscheidungen ist. Einige Staatsanwälte argumentieren damit, dass eine Einsicht auf der Geschäftsstelle die Rechte der Verteidigung und des Beschuldigten ausreichend sichert. Dies verkennt allerdings, dass die Auswertung von Datensätzen ein permanenter Prozess ist, der nicht mit einer einmaligen Durchsicht erledigt ist. Erinnert sei daran, dass die Auswertung ohne entsprechende Tools nicht möglich ist. Hinzu kommt, dass nur die wenigsten Strafjuristen die Fähigkeiten haben, entsprechende Programme ad hoc zu nutzen. Bei dem von Ermittlern immer noch am häufigsten genutzten Auswertungstool[37] handelt es sich um ein Tool zur forensischen Auswertung,[38] das ohne Einführung und wiederholte Anwendung von Nutzern kaum beherrscht werden dürfte. Insofern wird der Verteidiger – wie auch die Justiz – bei der Bearbeitung des Datensatzes Hilfe benötigen. Die Oberlandesgerichte haben entschieden, dass es im Ermessen des mit dem Verfahren betrauten Richters steht, ob er die Datensätze der Verteidigung zur eigenen Auswertung überlässt oder ob die Verteidigung diese digitalen Informationen auf der Geschäftsstelle zu den üblichen Zeiten der Justiz einsehen muss.

35 Zum Ganzen: *Thomas/Kämpfer*, in: MK (2014), § 147 Rn. 37 f.

36 Zum Ganzen: *Wettley/Nöding*, NStZ 2016, 633.

37 http://www.x-ways.net/forensics/index-d.html, Stand 11.08.2021.

38 Ein forensisches Programm ist nicht nur ein Analyseprogramm, sondern ermöglicht auch die Untersuchung digitaler Spuren, vgl. *Basar*, in: FS Wessing (2015), S. 635, 638.

Die Einsicht auf der Geschäftsstelle wird allerdings nur in den seltensten Fällen eine sachgerechte Verteidigung ermöglichen. Grund hierfür ist, dass eine Sichtung der Daten immer auch eine entsprechende Aufbereitung der Daten mit den Tools voraussetzt. Das kann deswegen notwendig sein, weil man auch gelöschte Dateien in die Suche miteinschließen will oder nach entsprechenden Dateistrukturen sucht oder bestimmte Filter anwenden will. Je größer die Datenmenge ist, umso mehr Zeit benötigt das Programm, um entsprechende Suchen durchzuführen. Nach meiner Erfahrung kann die Aufbereitung Tage und Wochen in Anspruch nehmen. Regelmäßig – und so arbeiten im Übrigen auch Ermittler – lässt man diese Vorgänge „zwischendurch" oder über Nacht laufen. Es ist erfahrungsgemäß auch immer wieder notwendig, den Stand des Aufbereitungsvorgangs zu überprüfen, weil es gerade bei großen Datenmengen vorkommt, dass das entsprechende Tool den Aufbereitungsvorgang nicht fehlerfrei durchgeführt hat und der Prozess von vorne gestartet werden muss. Insofern ist eine permanente und enge Kontrolle während des laufenden Aufbereitungsprozesses notwendig. Solche Prozesse lassen sich auf der Geschäftsstelle der Justiz zu den üblichen Geschäftszeiten kaum durchführen. Hierbei ist zu berücksichtigen, dass jedes Mal eine gesonderte An- und Abfahrt notwendig ist. Ungelöst bleibt darüber hinaus, auf welchen Datenträgern diese Suchläufe durchgeführt werden. Wenn die Ermittlungsbehörden den Datenträger zur Verfügung stellen und im Anschluss der Auswertung behalten, könnten Ermittler im temporären Verzeichnis der Festplatte nachvollziehen, welche Dateien die Verteidigung markiert und kopiert hat und mit welchen Suchbegriffen sie gearbeitet hat. Prinzipiell ist so ein Einblick in das Verteidigungskonzept möglich, da die Suchmethode des Verteidigers oftmals nur das Ergebnis der Sachverhaltsaufarbeitung mit dem Mandanten ist. Auch bei KI-gestützten Suchmethoden wird es immer erforderlich sein, Zwischenergebnisse mit dem Mandanten zu besprechen und entsprechende Analysen des Datenbestandes darauf anzupassen. Auch aus diesem Grund verbietet es sich, die Verteidigung auf die Einsicht bei der Geschäftsstelle zu verweisen.

E. Zusammenfassung und Thesen

Ich bin überzeugt, dass die Digitalisierung das Strafverfahren noch weiter verändern wird. Darauf müssen sich alle Verfahrensbeteiligte einstellen. Allerdings ist in Rechnung zu stellen, dass – trotz oder gerade wegen der ungelösten Probleme – die Ermittler im Strafverfahrensrecht heute so stark sind wie noch nie in der Geschichte der Strafprozessordnung. Die Digitalisierung hat dazu geführt, dass das Verhalten der Bürgerinnen und Bürgern überall (digitale) Spuren hinterlässt. Darauf können Ermittler zugreifen. Dagegen hat die Digitalisierung nicht dazu geführt, die Verteidigungsrechte des Beschuldigten zu stärken. Der verstärkte Einsatz von Software zur Auswertung von großen Datenmengen durch Spezialisten lässt besorgen, dass Sachbeweise selektiv in das Verfahren eingeführt werden.

Dem kann nur begegnet werden, wenn sich alle Strafjuristen in Zukunft auch mit der Technik solcher Programme beschäftigen.[39] Dies gilt vielleicht noch mehr für die Verteidiger als für die Gerichte und Staatsanwaltschaften. Ohne die Fähigkeit, selbstständig Daten auswerten zu können, wird es der Verteidigung jedenfalls zunehmend erschwert, Beweiswürdigung oder gar ganze Verdachtshypothesen einer kritischen Prüfung zu unterziehen und gegebenenfalls anzugreifen. Damit entfällt aber auch die Möglichkeit, alternative Hypothesen in den Raum zu stellen und somit aktiv Einfluss auf das Verfahren zu nehmen. So gestaltet würde die Digitalisierung einen wesentlichen Faktor des Strafverfahrens – die kontradiktorische Verhandlung – schwächen und die Qualität der Wahrheitssuche mindern. Der Gesetzgeber wäre gut beraten, die Digitalisierung zum Anlass zu nehmen, das Strafverfahrensrecht neu aufzusetzen und an das 21. Jahrhundert anzupassen. Dazu gehört es auch, die Verteidigung in der (digitalen) StPO aufzuwerten und somit die Grundrechte der Bürgerinnen und Bürger zu stärken.

39 So auch *Rückert*, in: Hoven/Kudlich, Digitalisierung und Strafverfahren (2020), S. 9, 35.

E-Evidence

Robert Esser[*]

A. *Sicherstellung elektronischer Beweismittel im Strafverfahren als internationale Fragestellung*[1]

Die Digitalisierung nahezu sämtlicher Lebensbereiche und Arbeitsfelder verleitet Menschen dazu, bewusst oder unbewusst in ihrem beruflichen und privaten Alltag eine unermessliche Menge elektronischer Daten und Informationen auf Servern und Speichermedien zu hinterlassen. Auffallend ist dabei ein in den letzten Jahren deutlich verändertes Kommunikationsverhalten. Menschen berichten heute der breiten Öffentlichkeit auf diversen Plattformen und Social-Media-Kanälen über ihre Person und ihr Privatleben in einem weitaus größeren Umfang, als dies noch vor wenigen Jahren der Fall war.

In den Fokus des Strafrechts gelangen derartige einem nicht abgrenzbaren Empfängerkreis offen und freigebig zugänglich gemachte digitale Aktivitäten, wenn der Urheber entsprechender Äußerungen oder Handlungen aus den öffentlich zugänglichen Informationen nicht zweifelsfrei ermittelt und erst über eine Sicherstellung und anschließende Auswertung der über ihn beim jeweiligen Diensteanbieter gespeicherten elektronischen Daten verfahrenssicher individualisiert werden kann. Zunehmend relevant wird dies etwa im Kontext „Hate Speech".

Dem geschilderten Phänomen konträr gegenüber stehen dagegen digitale Aktivitäten von Personen, die ihr Handeln bewusst verbergen, d.h. jeder öffentlichen Zugänglichkeit und Kontrolle entziehen. Dies geschieht über diverse Plattformen, vorrangig im sog. Darknet, einem der allgemeinen Öffentlichkeit nicht zugänglichen Teil des Internet.

Das täglich aufs Neue über verschiedene Kanäle gespeiste, inhaltlich höchst diverse Feld elektronischer Informationen liefert unweigerlich auch

---

* Der Autor ist Inhaber des Lehrstuhls für Deutsches, Europäisches und Internationales Strafrecht und Strafprozessrecht sowie Wirtschaftsstrafrecht an der Universität Passau. Er leitet dort die 2010 gegründete Forschungsstelle Human Rights in Criminal Proceedings (HRCP).

1 Der Beitrag gibt den Sach- und Beratungsstand von Oktober 2021 wieder.

kriminalistisch relevante „Spuren“, die für die Strafverfolgungsbehörden bei der Ermittlung mutmaßlicher Straftaten und Täter von großem Nutzen sind. Auch durch eigeninitiativ von der Polizei betriebene Beobachtung und Recherche im Internet[2] gelangen Personen – meist unwissentlich – als Tatverdächtige ins Fadenkreuz umfangreicher Ermittlungen. Kurzum, aus elektronischen Informationen werden potentielle strafprozessuale Beweismittel – und dies führt zum eigentlichen Thema der Abhandlung: *„E-Evidence“*.

B. *Zugriff auf im Ausland gespeicherte Daten aus dem Inland – mehr Fragen als Antworten*

Im Vorfeld eines ermittlungstaktisch geplanten strafprozessualen Zugriffs auf elektronische Daten stehen Strafverfolger häufig vor einem technischen Problem, das „E-Evidence“ zu einem Thema des europäischen und internationalen Strafrechts macht.

Potentiell zur Verfügung für einen solchen (offenen oder verdeckten) strafprozessualen Zugriff steht die beschriebene große Masse an elektronischen Daten durch den Vorgang der *Speicherung* auf Servern diverser Anbieter elektronischer Dienste. Diese Speicherung von Daten durch die Betreiber von Plattformen, auf bzw. mit denen Straftaten begangen werden, vollzieht sich nicht nur weltweit, sondern auch grenzenlos, insbesondere bei sog. Cloud-Anwendungen.[3]

Relevante elektronische Hinweise für den Nachweis einer konkreten Straftat sind daher häufig *nicht* (allein) im lokalen Datenbestand eines in demjenigen Land tätigen oder ansässigen Diensteanbieters gespeichert, in dem die strafrechtlichen Ermittlungen stattfinden. Daher fällt der Blick der Ermittler schon seit jeher auf Diensteanbieter im Ausland. Das macht die Datenbeschaffung (Beweiserhebung) in einem Strafverfahren kompliziert und langwierig – es mahlen in einem gesellschaftlich äußerst schnelllebigen Metier immer noch die langsamen Mühlen der internationalen Rechtshilfe.

---

2 Hierzu: *Esser*, in: Hornung/Müller-Terpitz, Rechtshandbuch Social Media, 2. Aufl. 2021, § 8 Rn. 369 ff.; *Dudenhausen/Kahr*, Kriminalistik 2014, 275 ff.; *Henrichs*, Kriminalistik 2012, 632 ff.; *ders.*, Kriminalistik 2011, 622 ff.; *ders.*, Kriminalistik 2010, 30 ff.; *Rosengarten/Römer*, NJW 2012, 1764 ff.

3 Hierzu auch: *Siry*, NJECL 2019, 227 (228 f.). Wabnitz/Janovsky/Schmitt/*Bär*, Handbuch Wirtschafts- und Steuerstrafrecht, 5. Aufl. 2020, Kap. 28, Rn. 25, 30.

Aufgrund der überwiegend fragmentarischen, international inhaltlich kaum abgestimmten und daher von Strafverfolgern als wenig praxistauglich empfundenen nationalen Vorschriften des Strafprozessrechts für einen Zugang zu elektronischen Beweismitteln[4] war die Zustellung, Befolgung und Durchsetzung von Herausgabeersuchen gegenüber besagten Diensteanbietern für die Ermittler bislang ein auf die Freiwilligkeit der Datenherausgabe setzendes Vabanquespiel, wobei allerdings ein Großteil der Anfragen durchaus positiv beantwortet wurde.[5]

Für den direkten *offenen* Zugriff auf online gespeicherte Daten gelten in Deutschland die allgemeinen Regelungen zur Durchsuchung (§§ 102, 103 StPO) und Beschlagnahme nach den §§ 94, 98 StPO.[6] Eine solche Offenheit der getroffenen Maßnahmen, insbesondere in einem frühen Verfahrensstadium, ist für Polizei und Staatsanwaltschaft oftmals mit einem Risiko für den weiteren Gang der Ermittlungen verbunden, nicht zuletzt aufgrund der Hinweispflichten (§ 35 Abs. 2 StPO) gegenüber den durch eine „Entscheidung" Betroffenen.

Der durch das Gesetz zur Fortentwicklung der Strafprozessordnung [...] vom 25.6.2021[7] neu geschaffene § 95a StPO bietet zwar erstmals die Möglichkeit einer „verdeckten" Beschlagnahme, löst aber nicht das Problem der Ungewissheit über die konkrete Örtlichkeit einer Speicherung und vor allem nicht die praxisrelevante Frage, ob ein Zugriff auf einen Datenbestand (Server) *im Ausland* von den Vorschriften des nationalen Rechts gedeckt ist.

Ob (abgesehen von *öffentlich zugänglichen* Daten) die von § 110 Abs. 3 StPO gestattete Durchsicht von elektronischen Speichermedien (sog. Netzwerkdurchsicht)[8] bei dem von einer Durchsuchung Betroffenen unter Erstreckung *„auf hiervon räumlich getrennte Speichermedien, soweit auf sie von*

---

4 Vertiefend: *Wicker*, Cloud Computing und staatlicher Strafanspruch – Strafrechtliche Risiken und strafprozessuale Ermittlungsmöglichkeiten in der Cloud, 2016; *Bell*, Strafverfolgung und die Cloud – Strafprozessuale Ermächtigungsgrundlagen und deren völkerrechtliche Grenzen, 2019.

5 Dazu bereits *Niekrenz*, DuD 2020, 535 unter Hinweis auf: Europol, SIRIUS EU Digital Evidence Situation Report 2019, S. 13, abrufbar unter https://www.europol.europa.eu/publications-documents/sirius-eu-digital-evidence-situation-report-2019 (Stand: 5.10.2021).

6 BVerfGE 124, 43 (58) = NJW 2009, 2431 (2433), Tz. 55 ff.; Schomburg/Lagodny/Gleß/Hackner-*Schomburg/Hackner*, 6. Aufl. 2020, Vor. § 68 IRG Rn. 37b.

7 BGBl. I S. 2099.

8 Wabnitz/Janovsky/Schmitt/*Bär* (Fn. 3), Kap. 28, Rn. 23; zum (gesetzlich nicht geregelten) Anwesenheitsrecht des Inhabers des jeweiligen Datenbestandes zur Prüfung der Verfahrenserheblichkeit der Daten im Einzelfall unter dem Aspekt der

dem elektronischen Speichermedium aus zugegriffen werden kann“, einen von der Durchsuchung im Inland ausgehenden *grenzüberschreitenden*, d.h. auf einen im Ausland befindlichen Server gerichteten Zugriff erlaubt, ist umstritten.

Aufgrund der in der Praxis nicht mit hinreichender Sicherheit zu bewerkstelligenden Analyse, auf welchem staatlichen Hoheitsgebiet ein etwaiger Datenzugriff stattfinden würde, könnte einerseits das Internet als ein einheitliches, weltumspannendes Netzwerk und damit selbstständiger, nicht an das Prinzip der Territorialität gebundener Raum angesehen werden, der von der aufgeworfenen Frage gänzlich ausgenommen wäre.[9] Dieses Ergebnis ließe sich zumindest aus dem Wortlaut des § 110 Abs. 3 StPO ableiten, der einen etwaigen Standort des „räumlich getrennten“ Speichermediums nicht erwähnt.[10]

Demgegenüber geht die ganz überwiegende Ansicht u.a. unter Hinweis auf das Regelungskonzept der Art. 31[11], 32 CyC (dazu unter C.) überzeugend davon aus, dass die Vorschriften der deutschen Strafprozessordnung, namentlich § 110 Abs. 3 StPO, keine Möglichkeit bieten, um von deutschem Territorium aus unmittelbar (ohne Rechtshilfeersuchen) auf im Ausland gespeicherte Daten zugreifen zu können.[12] Zur Wahrung der Souveränität des Staates, der von einem grenzüberschreitenden Zugriff auf einen auf seinem Territorium befindlichen Datenserver betroffen ist, bedarf es stets einer völkerrechtlichen Ermächtigung.

Verhältnismäßigkeit des Eingriffs: LG Kiel, Beschl. v. 18.6.2021 – 3 Qs 14/21, StraFo 2021, 376.

9 Vgl. ablehnend hierzu, jedoch unter Aufzeigen der möglichen Gegenmeinung: *Gaede*, StV 2009, 96 (101) m. Fn. 54 unter Hinweis auf *Störing*, Anm. zu LG Hamburg, Beschl. v. 8.1.2008 – 619 Qs 1/08, MMR 2008, 187 (189), der beim Thema Zugriff auf E-Mail-Kommunikation die genannten Feststellungsschwierigkeiten betont.

10 Vgl. mit Hinweis hierauf *Liebig*, Der Zugriff auf Computerinhaltsdaten im Ermittlungsverfahren (2015), S. 54, die diese Ansicht jedoch auch ablehnt (S. 52 ff.).

11 Art. 31 Abs. 1 CyC: „*Eine Vertragspartei kann eine andere Vertragspartei um Durchsuchung oder ähnlichen Zugriff, um Beschlagnahme oder ähnliche Sicherstellung und um Weitergabe von Daten ersuchen, die mittels eines Computersystems gespeichert sind, das sich im Hoheitsgebiet der ersuchten Vertragspartei befindet, einschließlich Daten, die nach Artikel 29 gesichert worden sind.*“

12 HK/*Gercke*, StPO, 6. Aufl. 2019, § 110 Rn. 27 f.; MüKo-StPO/*Hauschild*, 2014, § 110 Rn. 18; SSW-StPO/*Hadamitzky*, 4. Aufl. 2020, § 110 Rn. 24 ff.; SK-StPO/*Wohlers/Jäger*, 5. Aufl. 2016, § 110 Rn. 9 f.; *Gaede*, StV 2009, 96 (101); Meyer-Goßner/Schmitt/*Köhler*, 64. Aufl. 2021, § 110 Rn. 7a; LR/*Tsambikakis*, StPO, 27. Aufl. 2019, § 110 Rn. 9; Wabnitz/Janovsky/Schmitt/*Bär* (Fn. 3), Kap. 28, Rn. 140; *Dalby*, Grundlagen der Strafverfolgung im Internet und in der Cloud, 2016, S. 215.

Das Übereinkommen über die Rechtshilfe in Strafsachen zwischen den Mitgliedstaaten der Europäischen Union (EURhÜbk)[13] und die (das EURhÜbk in weiten Teilen ersetzende) Richtlinie 2014/41/EU über die Europäische Ermittlungsanordnung in Strafsachen (EEA)[14] haben bei diesem Problem bislang kaum Abhilfe geschaffen. Beide Rechtsinstrumente sind zum einen nicht speziell auf die Spezifika *elektronischer* Beweismittel ausgerichtet und setzen zum anderen konzeptionell, nicht zuletzt zur Gewährleistung eines effektiven Grundrechtsschutzes, auf die traditionelle Kooperation zwischen *zwei Staaten*: demjenigen, in dem das jeweilige Strafverfahren geführt wird, und demjenigen, der hierfür in seinem Zugriffsbereich gespeicherte elektronische Daten sicherstellen und übermitteln soll.[15]

Wie der im Frühjahr 2020 erfolgte Zugriff französischer und niederländischer Ermittler auf den (in Frankreich befindlichen) Server des Kommunikationsdienstes EncroChat eindrucksvoll belegt,[16] befinden sind die Praktikabilität und vor allem der *rechtsstaatliche* Schutzschirm der Europäischen Ermittlungsanordnung (vgl. Art. 6 Abs. 1 RL-EEA) für die Übermittlung gewonnener elektronischer Daten immer noch in der Erprobungsphase.[17]

Angesichts der geschilderten Schwierigkeiten bei strafrechtlichen Ermittlungen ist es nicht überraschend, dass die grenzüberschreitende Ge-

---

13 Übereinkommen über die Rechtshilfe in Strafsachen zwischen den Mitgliedstaaten der Europäischen Union, ABl. EU Nr. C 197 v. 12.7.2000, S. 3.

14 Richtlinie 2014/41/EU des Europäischen Parlaments und des Rates v. 3.4.2014 über die Europäische Ermittlungsanordnung in Strafsachen, ABl. EU Nr. L 130 v. 1.5.2014, S. 1.

15 Zum Grundsatz der Verfügbarkeit *Böse*, Der Grundsatz der Verfügbarkeit von Informationen in der strafrechtlichen Zusammenarbeit der Europäischen Union, 2007, S. 46 ff.; *Pörschke*, Der Grundsatz der Verfügbarkeit von Informationen am Beispiel des Prümer Modells, 2014; *Schmidt*, Der Grundsatz der Verfügbarkeit, 2018; *Esser*, in: Böse (Hrsg.), Europäisches Strafrecht, Enzyklopädie Europarecht, Bd. 12, 2. Aufl. 2021, § 19 Rn. 51 ff.

16 OLG Bremen, Beschl. v. 18.12.2020 – 1 Ws 166/20, BeckRS 2020, 38311, Rn. 28; OLG Hamburg, Beschl. v. 29.1.2021 – 1 Ws 2/21, BeckRS 2021, 2226, Rn. 107; OLG Schleswig, Beschl. v. 29.4.2021 – 2 Ws 47/21, BeckRS 2021, 10202, Rn. 22; *Derin/Singelnstein*, NStZ 2021, 449; *Wahl*, ZIS 2021, 452; *Pauli*, NStZ 2021, 146; aus Verteidigersicht: *Erhard/Lödden*, StraFo 2021, 366 ff.; *Strate*, HRRS 2022, 15 ff.

17 Bericht der Kommission an das Europäische Parlament und den Rat über die Umsetzung der Richtlinie 2014/41/EU des Europäischen Parlaments und des Rates vom 3.4.2014 über die Europäische Ermittlungsanordnung in Strafsachen, COM(2021) 409 v. 20.7.2021; hierzu auch: *Esser*, FS Sieber (2021), S. 1111 ff.; *Perron*, FS Sieber (2021), S. 1217, 1229 ff.

winnung elektronischer Beweise in Strafsachen und der Transfer entsprechender Beweismittel sowohl auf der politischen Ebene des Europarates als auch im Rahmen der Europäischen Union weitreichenden Reformüberlegungen unterzogen werden.

C. Arbeiten des Europarates an einem 2. Zusatzprotokoll zur Cybercrime-Convention (CyC)

Das im Jahr 2001 auf der Ebene des Europarates in Budapest geschlossene Übereinkommen über Computerkriminalität (CETS 185; Cybercrime-Convention)[18] enthält neben Vorgaben zur Harmonisierung der materiellrechtlichen Bestimmungen der Cyberkriminalität im Kapitel III (Art. 23–35) weitreichende Regelungen für die *„Internationale Zusammenarbeit"*, darunter spezielle Leitlinien für auf elektronische Beweise zugeschnittene Formen der „Rechtshilfe".

Schon vorgelagert im Kapitel II, Abschnitt 2 („Verfahrensrecht"), Titel 2, findet sich die Verpflichtung der Vertragsparteien, Verfahren zur Erlangung elektronischer Beweismittel („Computerdaten") vorzusehen, darunter explizit – auf ihr Territorium beschränkte – Sicherungs- und Herausgabeanordnungen (Art. 16–18 CyC).

Art. 29 CyC sieht die Möglichkeit einer beschleunigten, vorläufigen *Sicherung* mittels eines Computersystems im Ausland gespeicherter Daten ohne vorheriges Rechtshilfeersuchen vor, wenn ein solches beabsichtigt ist (vgl. Art. 31 CyC – Rechtshilfe beim *Zugriff* auf gespeicherte Computerdaten).[19]

Nach Art. 32 CyC ist ein grenzüberschreitender Zugriff auf im Ausland gespeicherte Daten ohne Genehmigung der anderen Vertragspartei nur zulässig, sofern auf die Daten *öffentlich* zugegriffen werden kann (*lit.* a: „öf-

---

18 Das Übereinkommen über Computerkriminalität (CyC) v. 23.11.2001 wurde von insgesamt 66 Staaten ratifiziert, darunter alle Mitgliedstaaten des Europarates (mit Ausnahme von Irland und Russland) sowie 21 Nichtmitgliedstaaten. Das (erste) Zusatzprotokoll betreffend die Kriminalisierung mittels Computersystemen begangener Handlungen rassistischer und fremdenfeindlicher Art wurde am 28.1.2003 (CETS 189) von insgesamt 33 Staaten ratifiziert, darunter 30 Mitgliedstaaten des Europarates sowie 3 Nichtmitgliedstaaten (Stand jeweils September 2021).

19 Zum Ganzen Wabnitz/Janovsky/Schmitt/*Bär* (Fn. 3), Kap. 28, Rn. 142 f.; siehe auch *Bär*, Handbuch zur EDV-Beweissicherung im Strafverfahren, 2007, Rn. 503 ff.

fentlich zugängliche gespeicherte Computerdaten – offene Quellen")[20], oder wenn eine entsprechend rechtmäßige und freiwillige Zustimmung der *Person* vorliegt, die *rechtmäßig befugt ist, die Daten mittels dieses Computersystems weiterzugeben* (*lit.* b).[21]

Daraus folgt für § 110 Abs. 3 StPO: Bevor ein vorläufiges Sicherungsverfahren nach Art. 29 CyC i.V.m. Art. 25 Abs. 3 CyC und ein anschließendes Rechtshilfeersuchen auf einen Zugriff der Daten (Herausgabe/Übermittlung) eingeleitet werden, kommt ein unmittelbarer Zugriff auf den Server des Providers im Ausland und die dort gespeicherten Daten auf der Grundlage von § 110 Abs. 3 StPO i.V.m. Art. 32 *lit.* b CyC nur dann in Betracht, wenn eben die Zustimmung der zur Weitergabe der Daten berechtigten *Person* vorliegt.

Zur Frage, um wen es sich bei dieser „*Person*" handelt, gibt der Explanatory Report zur CyC eher kryptisch Auskunft: „*Who is a person that is 'lawfully authorised' to disclose data may vary depending on the circumstances, the nature of the person and the applicable law concerned. For example, a person's e-mail may be stored in another country by a service provider, or a person may intentionally store data in another country. These persons may retrieve the data and, provided that they have the lawful authority, they may voluntarily disclose the data to law enforcement officials or permit such officials to access the data, as provided in the Article.*"[22]

Dieser Passus wird so verstanden, dass die zustimmungsberechtigte Person dabei gerade die in ihren Daten durch die Maßnahme betroffene Person ist, nicht ein Provider oder ein sonstiger Diensteanbieter, der seinerseits erst die Verfügungsberechtigung (*lawful authority*) zur Herausgabe der Daten von der besagten „Person" erhalten haben müsste.[23] Dies entspricht jedenfalls der Systematik des Art. 32 CyC: In der Variante *lit.* a (*öffentlich* zugängliche Informationen) hat die betreffende Person über die Zugänglichkeit der ihrer Befugnis unterliegenden Daten allgemein disponiert, in der Variante *lit.* b geschieht dies im Einzelfall.

---

20 Vgl. Wabnitz/Janovsky/Schmitt/*Bär* (Fn. 3), Kap. 28, Rn. 29 („weder durch Passwort noch Benutzerkennung dem allgemeinen Zugriff entzogen").

21 Kritisch hierzu *Gercke*, CR 2010, 345 (348) m.w.N.; vgl. auch *Bär*, ZIS 2011, 53 (54 f.).

22 CoE (Edt.), Explanatory Report to the Convention on Cybercrime, Budapest, 23.11.2001, S. 53.

23 Vgl. etwa (für den Fall der Durchsuchung im „Inland"): *Zerbes/El-Ghazi*, NStZ 2015, 425 (430): „der Berechtigte – das ist die von der Durchsuchung betroffene Person".

Die erforderliche Zustimmung dieser „Person“ dürfte allerdings in der Praxis regelmäßig nicht vorliegen.[24] Auch und gerade dann darf das Zustimmungserfordernis des „Berechtigten“ weder durch eine zwangsbewehrte Anordnung[25] noch durch den verklausulierten Ausspruch einer „Bitte“ gegenüber dem Provider umgangen werden.[26]

Einen Zugriff auf Daten in einer Cloud[27] als „räumlich getrenntes Speichermedium“ iSv § 110 Abs. 3 StPO halten Stimmen aus der Praxis gleichwohl für zulässig, weil ein konkreter Speicherort bei Cloud-Dienstleistungen niemals zu ermitteln sei bzw. es nur darauf ankommen soll, ob es den Ermittlern „bekannt“ oder für sie „absehbar“ sei, dass sich der Server des Cloud-Anbieters im Ausland befindet (sog. „Good-Faith“-Ermittlungen).[28] Über das höchst dehnbare Kriterium der mangelnden „Absehbarkeit“ eines Auslandsbezugs wird damit ein transterritoriales Handeln quasi in Form eines „Freibriefs“ gestattet, das – falls es denn *objektiv* stattfindet – völkerrechtlichen Grundsätzen *evident* widerspricht – nach überwiegender Ansicht aber gleichwohl mangels einer parallel stattfindenden Verletzung von *subjektiven* Rechten des Beschuldigten grundsätzlich nicht zu einem strafprozessualen Beweiswertungsverbot führen soll.[29]

---

24 So auch *Dalby* (Fn. 12), S. 261.

25 Siehe LR/*Tsambikakis* (Fn. 12), § 110 Rn. 9.

26 So *Gaede*, StV 2009, 96 (101 f.).

27 Vom Wortlaut des § 110 Abs. 3 StPO ausgehend erfasst die Norm dabei grundsätzlich den Zugriff auf Daten in der Cloud, vgl. *Grözinger*, Die Überwachung von Cloud-Storage, 2018, S. 252; ebenso: *Wicker* (Fn. 4), S. 353.

28 Vgl. Meyer-Goßner/Schmitt/*Köhler* (Fn. 12), § 110 Rn. 7b (reine „Möglichkeit“ der Speicherung im Ausland löse keine Rechtshilfeverpflichtung aus); Wabnitz/Janovsky/Schmitt/*Bär* (Fn. 3), Kap. 28, Rn. 27 a.E., 30; BeckOK-StPO/*Hegmann* (Stand: 1.7.2021), § 110 Rn. 16.

29 Vgl. ein Beweisverwertungsverbot ablehnend unter Hinweis auf die fehlende Verletzung subjektiver Rechte des Beschuldigten BGH, NJW 1990, 1801; siehe daran restriktiv anknüpfend Wabnitz/Janovsky/Schmitt/*Bär* (Fn. 3), Kap. 28 Rn. 30 (nur bei „bewusstem“ oder „objektiv willkürlichem“ Rechtsverstoß); MüKo-StPO/*Hauschild* (Fn. 12), § 110 Rn. 19; BeckOK-StPO/*Hegmann* (Fn. 28), § 110 Rn. 17 (nur bei „willkürlicher Vorgehensweise“); Meyer-Goßner/Schmitt/*Köhler* (Fn. 12), § 110 Rn. 7c; weitergehend die **a.A.**: Radtke/Hohmann/*Ladiges*, StPO, 2011, § 110 Rn. 19 (Beweisverwertungsverbot bereits bei bloßem Widerspruch des betroffenen Staates); ähnlich Wabnitz/Janovsky/Schmitt/*Bär* (Fn. 3), Kap. 28 Rn. 145; *ders.*, ZIS 2011, 53 (59): „nur […] bei einem ausdrücklichen Widerspruch des fremden Staates gegen eine Verletzung von fremden Hoheitsrechten“; *Liebig* (Fn. 10), S. 66 (bei Widerspruch des betreffenden Staates bzw. bei zulässiger Verweigerung der Rechtshilfe); ein Beweisverwertungsverbot in allen genannten Fällen bejahend: *Gercke*, StraFo 2009, 271 (274); siehe auch: HK/*Gercke* (Fn. 12),

Jedenfalls zum Schutz *staatlicher* Souveränitätsrechte muss gerade umgekehrt gelten, dass ein Zugriff auf externe Speichermedien nach § 110 Abs. 3 StPO vom durchsuchten Gegenstand aus nur zulässig ist, wenn mit hinreichender Gewissheit ein Speicherort im Ausland ausgeschlossen werden kann – eine solche Prognose entbehrt allerdings faktisch jeder rationalen Grundlage und Nachvollziehbarkeit.[30] Dieser für Ermittler sicherlich ernüchternde Befund berechtigt nun aber nicht zu der Annahme, ein ausländischer Speicherort sei von vornherein nicht „absehbar" oder es sei allein auf die im Inland gelegene Zugriffsmöglichkeit des Cloud-Nutzers abzustellen.[31]

Der *unmittelbare* Zugriff auf den Server eines ausländischen Cloud-Anbieters – außerhalb einer (noch nicht abgeschlossenen) *Durchsuchung* und ohne die Nutzung einer Zugriffsmöglichkeit von dem auf heimischem Boden durchsuchten Gegenstand aus – ist schon tatbestandlich nicht von § 110 Abs. 3 StPO gedeckt (vgl. den Wortlaut: *„soweit auf sie von dem elektronischen Speichermedium aus zugegriffen werden kann"*) und bedarf daher stets eines förmlichen Rechtshilfeersuchens.[32]

Zur Behebung dieser für die Ermittlungspraxis bestehenden Beschränkungen starteten im September 2017 auf der politischen Ebene des Europarates Verhandlungen über die Auflegung eines *Zweiten Zusatzprotokolls* zur Budapest-Konvention – mit dem Ziel der Vereinfachung des grenzüberschreitenden Zugangs von Strafverfolgungsbehörden auf elektronische Beweismittel im Ausland.[33]

Angestrebt wird die Erstellung eines praxistauglichen Regelungsrahmens für die Zustellung und Vollstreckbarkeit nationaler Herausgabeanordnungen bei Diensteanbietern außerhalb des Hoheitsgebietes der das Strafverfahren betreibenden Vertragspartei – im Wege einer *direkten Adressierung* und *unmittelbaren* Kooperation, verbunden mit einer Verpflichtung

---

§ 110 Rn. 30 (Beweisverwertungsverbot bei Durchschlagen des Verstoßes auf individualschützende Normen, bspw. das Recht auf ein faires Verfahren).

30 So auch vgl. LR/*Tsambikakis* (Fn. 12), § 110 Rn. 9 (Absehbarkeit „in der Regel der Fall"); von dieser Tatsache jedenfalls ebenso ausgehend *Wicker* (Fn. 4), S. 356.

31 So *Wicker*, MMR 2013, 765 (769) – faktische Zugriffsmöglichkeit des Cloud-Nutzers; ebenso in *Wicker* (Fn. 4), S. 355 f., 358; **a.A.** BeckOK-StPO/*Hegmann* (Fn. 28), § 110 Rn. 16.

32 Vgl. *Herrmann/Soiné*, NJW 2011, 2922 (2925); *Obenhaus*, NJW 2010, 651 (652, 654); *Wicker*, MMR 2013, 765 (769); vgl. zum Ganzen auch *Gercke*, GA 2012, 474 (489); vgl. zur Rechtshilfe auch *Dalby* (Fn. 12), S. 233, 246 ff.

33 Zum Fortgang der Beratungen: https://www.coe.int/en/web/cybercrime/t-cy-drafti ng-group.

der privaten Diensteanbieter zur Bereitstellung der angeforderten Daten binnen kurzer Frist.[34]

Die Arbeiten an dieser Initiative des Europarates liefen lange Zeit geräuschlos, ganz im Gegensatz zu den 2018 parallel und mit großem Medieninteresse gestarteten Bemühungen der Europäischen Kommission für eine *European Production Order* (EPO) auf Unionsebene (dazu unter D.). Als besagte Pläne nach Protesten von Bürgerrechtlern und Datenschützern unerwartet schnell ins politische Stocken gerieten, nahm der Rat der Europäische Union im Juni 2019 ein Mandat an,[35] das die Kommission ermächtigte, an besagten Verhandlungen für ein 2. ZP zur CyC auf der Ebene des Europarates teilzunehmen.[36]

Der im Mai 2021 zur abschließenden Beratung und Annahme vorgelegte (Dritte) Entwurf für ein *Zweites Zusatzprotokoll zum Übereinkommen über Computerkriminalität über eine verstärkte Zusammenarbeit und die Offenlegung elektronischer Beweismittel* (*Second Additional Protocol to the Convention on Cybercrime on enhanced cooperation and disclosure of electronic evidence*)[37] sieht im Kern eine direkte Zusammenarbeit von Strafverfolgungsbehörden eines Vertragsstaates mit in anderen Vertragsstaaten ansässigen Diensteanbietern vor (Section 2 – Procedures enhancing *direct co-operation* with providers and entities in other Parties: Art. 6 ZP-E: Request for domain name registration information; Art. 7 ZP-E: Disclosure of subscriber information) – zur Offenlegung von Informationen zum Zwecke der Identifizierung der einer Straftat verdächtigen Person. Weiterhin finden sich im sog. „E-Evidence-Protokoll" Regelungen für eine beschleunigte Form der *Zusammenarbeit* zwischen den Vertragsparteien (Section 3 – Procedures enhancing international *co-operation between authorities* for the disclosure of stored computer data), konkret zur Offenlegung von *Teilnehmer*informa-

---

34 Vgl. zum Grundkonzept: COM(2018) 225, S. 4 f.

35 Parallel dazu wurde die Kommission ermächtigt, im Namen der EU ein Abkommen mit den USA über einen leichteren Zugang zu elektronischen Beweismitteln für die justizielle Zusammenarbeit in Strafsachen auszuhandeln. Vgl. COM(2019) 70, S. 4 ff., 13; BR-Drs. 215/18, S. 10 ff. mit Empfehlungen hierzu; kritisch hinterfragend: EP/LIBE, *Sippel/in't Veld*, 4th Working Document (B) v. 11.3.2019, S. 4 f. Zum historischen und politischen Hintergrund der Verhandlungen mit den USA: *Siry*, NJECL 2019, 227 (231 ff.); *Shurson*, International Journal of Law and Information Technology 28 (2020), 167 (180 ff.).

36 Hierzu: COM(2019) 70; COM(2019) 71.

37 T-CY(2020)7_PDP_Protocol_v3t (TCY approved) v. 28.5.2021; im Folgenden: ZP-E.

tionen und *Verkehrs*daten (Art. 8 ZP-E) – nicht aber für *Inhalts*daten[38], für ein Handeln in Eilfällen (Art. 9 und 10 ZP-E – hier auch bezogen auf Inhaltsdaten) sowie für besondere Instrumente der Kooperation (Videokonferenz; Gemeinsame Ermittlungen und Ermittlungsgruppen; Art. 11 und 12 ZP-E).

Der Anwendungsbereich des 2. ZP zur Budapest-Konvention ist – ebenso wie schon derjenige des Übereinkommens über Computerkriminalität selbst – *„auf bestimmte strafrechtliche Ermittlungen oder Verfahren wegen Straftaten im Zusammenhang mit Computersystemen und Daten und zur Sammlung von Beweismitteln in elektronischer Form einer Straftat“* ausgerichtet (Art. 2 *lit.* a ZP-E).

Abgesehen von ausführlichen Bestimmungen zum Datenschutz (Art. 14 ZP-E) widmet das Protokoll rechtsstaatlichen Grundsätzen (Conditions and safeguards; Art. 13 ZP-E) gerade einmal eine allseits konsensfähige Standardklausel, gegossen in die Form eines schnöden Vier-Zeilers: *„In accordance with Article 15 of the Convention each Party shall ensure that the establishment, implementation and application of the powers and procedures provided for in this Protocol are subject to conditions and safeguards provided for under its domestic law, which shall provide for the adequate protection of human rights and liberties".* Über den Verweis auf Art. 15 Abs. 1, Abs. 2 CyC sind damit zwar namentlich die Garantien von EMRK und IPBPR, andere anwendbare völkerrechtliche Übereinkünfte auf dem Gebiet der Menschenrechte sowie der Grundsatz der Verhältnismäßigkeit nebst dem Gebot einer gerichtlichen oder jedenfalls unabhängigen Kontrolle in das Gesamtkonzept implementiert; die damit verbundenen *konkreten* Grenzen und Verpflichtungen bleiben aber – nicht unüblich bei solchen Initiativen – im Vagen.

Einige der im 2. ZP getroffenen Regelungen sind lediglich optional ausgestaltet, d.h. die Vertragsstaaten können bei der Ratifikation von Vorbehalten und Erklärungen (*reservations and declarations*) Gebrauch machen, wenn ihnen bestimmte Formen der Zusammenarbeit oder Verfahrensgarantien nach ihrem innerstaatlichen Recht vorgeschrieben sind, die mit dem grundsätzlichen Regelungsmodell des Protokolls in Konflikt geraten. Dazu kann explizit die rechtspolitisch äußerst heikle und auf Unionsebene von Anfang an kontrovers diskutierte Forderung gehören, dass stets eine

---

38 Vgl. Commentary Nr. 70: „because the Protocol does not contain provisions for obtaining content data on a non-emergency basis", Nr. 125; krit. dazu: *Rojszczak*, computer law & security review 38 (2020), Nr. 105442, 1 (12) – *„significant limitation".*

gleichzeitige, parallele Benachrichtigung einer staatlichen Stelle erforderlich ist, wenn eine Anfrage zur Sicherstellung und Übermittlung elektronisch gespeicherter Daten direkt an einen auf dem Hoheitsgebiet des betreffenden Staates ansässigen Diensteanbieter gesendet wird (vgl. Art. 7 Abs. 5 ZP-E)[39].

Das E-Evidence-Protokoll zur Crime Convention soll anlässlich des 20. Jahrestages der Budapest Konvention im November 2021 formal angenommen und ab Beginn des Jahres 2022 den Staaten zur Unterzeichnung aufgelegt werden.

D. „E-Evidence"-Initiative der Europäischen Union[40]

I. Europäische Sicherheitsagenda als politischer Rahmen

Da die Zahl der Strafverfahren, die eine Sicherung elektronischer Daten im Ausland erforderlich machen, auch in den Mitgliedsstaaten der EU in den letzten Jahren spürbar zugenommen hat,[41] unterbreitete die Europäische Kommission im April 2018 – parallel zu den bereits beschriebenen, zeitlich etwas früher gestarteten Arbeiten des Europarates an einem 2. Zusatzprotokoll zur Budapest-Konvention (dazu unter C.) – konkrete Vorschläge für ein umfangreiches „E-Evidence-Paket".

Diese Initiative ist ein zentraler Bestandteil der 2015 beschlossenen Europäischen Sicherheitsagenda[42]. Ihr Ziel ist – nicht zuletzt vor dem

---

39 *„A Party may, […] notify […] that, when an order is issued […] to a service provider in its territory, the Party requires, in every case or in identified circumstances, simultaneous notification of the order, the supplemental information and a summary of the facts related to the investigation or proceeding."*

40 Die nachfolgenden Ausführungen beruhen auf dem Stand der Beratungen im Juli 2021.

41 Vgl. COM(2015) 225, S. 1; Empfehlung für einen Beschluss des Rates über die Ermächtigung zur Aufnahme von Verhandlungen über ein Abkommen zwischen der Europäischen Union und den Vereinigten Staaten von Amerika über den grenzüberschreitenden Zugang zu elektronischen Beweismitteln für die justizielle Zusammenarbeit in Strafsachen, COM(2019) 70 final, S. 1.

42 COM(2015) 185 v. 28.4.2015; vgl. auch Schlussfolgerung des Rates zur Verbesserung der Strafjustiz im Cyberspace v. 9.6.2016, Ratsdok. 10007/16; Non paper from the Commission Services: Progress Report following the Conclusions of the Council of the European Union on Improving Criminal Justice in Cyberspace v. 7.12.2016, Dok. 15072/1/16 REV 1; Non paper from the Commission Services: Improving cross-border access to electronic evidence: Findings from the expert process and suggested way forward v. 8.6.2017, https://ec.europa.eu/home-affairs/s

Hintergrund des politischen Drucks aus den USA nach einer verlässlichen Basis für den elektronischen Datenaustausch (US Cloud Act)[43] – die Schaffung eines unionsweit vereinheitlichten, praxistauglichen Rechtsrahmens für die Sicherung und den Transfer elektronischer Beweismittel innerhalb der Union.[44] Diese Vorschläge der Kommission haben strafrechtliche Ermittler von Anfang an förmlich elektrisiert – Bürgerrechtlern und Datenschützern dagegen eher Schweiß und Sorgenfalten auf die Stirn getrieben.[45]

Konkret zum Aufruf kamen im April 2018 die Entwürfe für eine als Ergänzung zur RL-EEA konzipierte *Verordnung über Europäische Herausgabeanordnungen und Sicherungsanordnungen für elektronische Beweismittel in Strafsachen*[46] sowie für eine diese beiden operativen Instrumente flankierende *Richtlinie zur Festlegung einheitlicher Regeln für die Bestellung von Vertretern zu Zwecken der Beweiserhebung in Strafverfahren.*[47]

II. Verordnung zur European Production Order (EPO)

Der aktuelle, zudem häufig wechselnde Speicherort elektronischer Daten, die für ein Strafverfahren potentiell als Beweismittel relevant werden können, ist für Außenstehende regelmäßig nicht erkennbar bzw. allenfalls dem Diensteanbieter der jeweiligen Plattform etc. bekannt, der aber seinerseits mangels Dependance im Inland (Verfolgerstaat) für die nationalen Ermittler oftmals nicht „barrierefrei“ zugänglich ist, geschweige denn ver-

ites/homeaffairs/files/docs/pages/20170522_non-paper_electronic_evidence_en.pdf; vgl. dazu *Warken*, NZWiSt 2017, 449 (454 ff.).

43 Hierzu: *Cording/Götzinger*, CR 2018, 636 ff.; *Siry*, NJECL 2019, 227 (237 ff.); *Rojszczak*, computer law & security review 38 (2020), Nr. 105442, 1 (3 ff.); *Shurson*, International Journal of Law and Information Technology 28 (2020), 167 (168 ff.).

44 Zu den Vorarbeiten: Technical Document from the Commission Services: Measures to improve cross-border access to electronic evidence for criminal investigations following the Conclusions of the Council of the European Union on Improving Criminal Justice in Cyberspace v. 22.5.2017, abrufbar unter: https://ec.europa.eu/home-affairs/sites/homeaffairs/files/docs/pages/20170522_technical_document_electronic_evidence_en.pdf; hierzu *Warken*, NZWiSt 2017, 449 (455).

45 Kritisch und Nachbesserungsbedarf anmahnend: *Burchard*, ZRP 2019, 164 („Das rechtsstaatlich Prekäre rechtfertigt noch lange nicht das rechtsstaatlich Defizitäre!“).

46 COM(2018) 225 v. 17.4.2018.

47 COM(2018) 226 v. 17.4.2018; dazu bereits *Esser*, StraFo 2019, 404 (406 f.).

bindlich und mit der Androhung von Zwang zu einem zielführenden Handeln aufgefordert werden kann.

Aus diesem Grund soll die von der Union geplante, in den Mitgliedstaaten der Union unmittelbar wirksame Verordnung (Art. 288 Abs. 2 AEUV) die *direkte* Zustellung einer Herausgabe- bzw. Sicherungsanordnung (*European Production Order* – EPO / *European Preservation Order* – EPO-PR) mittels eines speziellen, inhaltlich auf wenige Angaben beschränkten Zertifikats (EPOC/EPOC-PR) an den jeweiligen *privaten* Diensteanbieter ermöglichen. Dieser wäre dann seinerseits zur Sicherung und Übermittlung der relevanten Daten *verpflichtet* – ein Modell, das in abgeschwächter Form auch dem auf Europaratsebene erarbeiteten 2. ZP zur Budapest-Konvention zugrunde liegt, dort aber wie erwähnt in zentralen Punkten für die Unterzeichnerstaaten optional (Erklärung eines Vorbehalts) ausgestaltet ist. Geplant ist mittelfristig die Einrichtung und Nutzung eines gemeinsamen europäischen Austauschsystems für EPO(PR), das zudem mit anderen „speziellen Systemen“ und „sicheren Kanälen“ verbunden werden kann.[48]

Eine EPO(-PR) soll dabei nur für Daten gelten, die in der Union angebotene[49] Dienstleistungen i.S.d. Art. 2 Nr. 3 VO-E (vgl. ErwG Nr. 16 VO-E) betreffen und zum Zeitpunkt des Zugangs der Anordnung beim Diensteanbieter bereits gespeichert *sind*. Nicht erfasst von der E-Evidence-Initiative der Union sind damit erst *künftig* entstehende Daten sowie eine derzeit (man denke an die Ermittlungen rund um den Kommunikationsanbieter Encrochat) lebhaft diskutierte grenzüberschreitende Datenerhebung in „Echtzeit“ oder gar die nach wie vor umstrittene Vorratsdatenspeicherung.

Das mit den Kürzeln EPO und EPO-PR knapp umschriebene Modell für die Sicherung und Herausgabe strafprozessual relevanter elektronischer Beweismittel mutete zunächst – wenn man es positiv formulieren will – durchaus *revolutionär* an. Der Vorschlag der Kommission für einen Zugriff auf gespeicherte elektronische Daten ohne die Zwischenschaltung oder wenigstens Benachrichtigung justizieller Stellen desjenigen Staates, in dem der kontaktierte Repräsentant eines Diensteanbieters seinen Sitz hat, verzichtete zunächst *vollständig* auf die Information, Zuarbeit und Kontrolle („benefit of a ‘second set of eyes’“)[50] eines – für das Verfahren

48 Vgl. den Vorschlag des EP für einen Art. 7a VO-E: EP-LIBE, A9–0256/2020, PE642.987v00–01 v. 11.12.2020 (Bericht *Sippel*), S. 36.

49 Für ein solches „Angebot“ wird eine „wesentliche Verbindung“ zu mindestens einem EU-Mitgliedstaat gefordert (Niederlassung oder erhebliche Nutzerzahl), vgl. ErwG Nr. 28; COM(2018) 225, S. 17.

50 *Siry*, NJECL 2019, 227 (246).

der internationalen Rechtshilfe in Strafsachen bis dato denknotwendigen – *Vollstreckungsstaates*.

Auf den juristischen Prüfstand gestellt wurde damit zugleich der das Europäische Strafrecht prägende Grundsatz der gegenseitigen Anerkennung (Art. 82 Abs. 1, Abs. 2 AEUV), jedenfalls in seinem klassischen Verständnis.[51] Denn nach dem Vorschlag der Kommission sollte auf EPO-Empfängerseite explizit zur Beschleunigung und Vereinfachung der Abläufe eben keine justizielle *Behörde* sondern ausschließlich eine *Privat*person (Diensteanbieter) stehen.[52] Eine Behörde im „Vollstreckungsstaat" wäre frühestens auf den Plan getreten, wenn der Diensteanbieter die Herausgabe der Daten aus eng begrenzten Gründen abgelehnt hätte (Art. 9 Abs. 5, Art. 14 VO-E). Kompetenzrechtlich stützen ließ sich der ursprüngliche Vorschlag damit allenfalls auf den Absatz 2 des Art. 82 AEUV (*„Erleichterung der [...] polizeilichen und justiziellen Zusammenarbeit in Strafsachen"*).[53]

Eine weitere in der juristischen Fachwelt lebhaft diskutierte Grundsatzfrage war von Anfang an die Wahrung des bei allen Strafrechtsinitiativen auf Unionsebene zu beachtenden Subsidiaritätsprinzips und des Grundsatzes der Verhältnismäßigkeit (Art. 5 Abs. 3, Abs. 4 EUV). Konkret stellt sich bis heute in den politischen Beratungen die Frage, ob sich die von der Kommission getroffene Wahl der Verordnung als Rechtsinstrument (Art. 288 AEUV)[54], im Vergleich zu der lediglich einen Harmonisierungszwang auslösenden und damit in der Regel weniger eingriffsintensiven Richtlinie, als unionsrechtskonform erweist. Gleichwohl – in den 2021 abschließend geführten Trilog-Verhandlungen zwischen EP, Rat und Kommission standen die Weichen klar in Richtung Verordnung.

Maßgeblich für die Pflicht zur Sicherung- und ggf. anschließenden Übermittlung elektronischer Beweismittel soll künftig allein das *Angebot* eines relevanten Dienstes in der EU sein (sog. qualifiziertes Marktortprinzip), verbunden mit einer Verpflichtung des jeweiligen Anbieters zur Si-

---

51 Vertiefend: *Kloska*, Das Prinzip der gegenseitigen Anerkennung im Europäischen Strafrecht, 2016; in Bezug auf die Einschränkung staatlicher Souveränität: *Andreou*, Gegenseitige Anerkennung von Entscheidungen in Strafsachen in der Europäischen Union, 2009.

52 Vgl. Stellungnahme des Europäischen Datenschutzausschusses (EDSA) 23/2018 v. 26.9.2018, https://edpb.europa.eu/sites/edpb/files/files/file1/edpb-2018-09-26-eevidence_de.pdf, S. 4 f.; *Burchard*, ZIS 2018, 249 (261).

53 Zur Kritik an der von der Kommission (COM[2018] 225, S. 6, 29) ursprünglich herangezogenen Rechtsgrundlage (Art. 82 *Abs. 1* AEUV): *Burchard*, ZIS 2018, 249 (261 f.); *ders.*, ZRP 2019, 164 (166); *Esser*, StraFo 2019, 404 (406); BR-Drs. 215/18 v. 6.7.2018, S. 4.

54 COM(2018) 225, S. 6 f.

cherung und Übermittlung von Daten, völlig unabhängig vom konkreten Speicher*ort*. Die Erfassung sämtlicher Anbieter elektronischer Dienste in der EU (Art. 3 Abs. 1 iVm Art. 2 Nr. 3 VO-E) und gespeicherter Daten, unabhängig von deren Speicherort (nicht selten auch außerhalb der Union; vgl. Art. 2 Nr. 1 VO-E) und vom Unternehmens*sitz* (Niederlassung) des Anbieters, weicht vom bislang in der internationalen Rechtshilfe durchgehend praktizierten Territorialitätsprinzip[55] grundlegend ab.

Das EP hat die Aufnahme eines Passus vorgeschlagen (Art. 1 Abs. 1a VO-E), wonach der Erlass einer EPO(PR) auch im Namen einer verdächtigten oder beschuldigten Person im Rahmen der geltenden Verteidigungsrechte im Einklang mit den nationalen strafrechtlichen Verfahren beantragt werden können soll.[56]

III. Diensteanbieter-Vertreter-Richtlinie als Ergänzung zur EPO-Verordnung

Die als Ergänzung zur EPO-VO konzipierte Richtlinie zur Festlegung einheitlicher Regeln für die Bestellung von Vertretern zu Zwecken der Beweiserhebung in Strafverfahren sollte dafür sorgen, dass Diensteanbieter (Art. 2 Abs. 2 RL-E) auf nationaler Ebene zu Zwecken der Beweiserhebung in einem Strafverfahren einen Vertreter in (mindestens) *einem* Mitgliedstaat der Union bestellen. Dabei sollte es sich um einen Staat handeln, in dem der Diensteanbieter entweder niedergelassen ist *oder* seine Dienste anbietet (Art. 3 Abs. 1–3 RL-E).

Durch Mitteilungspflichten, die Möglichkeit der Verhängung von Sanktionen bei etwaigem Fehlverhalten sowie durch Leitlinien zur Koordinierung der konkreten Abläufe (Art. 3 bis 6 RL-E) sollte im Wege der Harmonisierung des nationalen Rechts eine unionsweite Zustellung von EPO(PR) an die privaten Diensteanbieter gewährleistet sein. Dabei fungierte der Vertreter des Diensteanbieters selbst dann als Adressat für eine EPO(PR), wenn der Anbieter selbst keine Niederlassung in der Union haben sollte (wohl aber in dem betreffenden Staat Dienste anbietet).

Nach intensiv geführten Verhandlungen und zahlreichen Umsetzungsvorschlägen hat der LIBE-Ausschuss des EP im Dezember 2020 den das Gesamtpaket im Kern treffenden Vorschlag gemacht, die EPO-VO und die Vertreter-RL zu *einem* gemeinsamen Legislativvorschlag (Verordnung un-

55 Vgl. *Burchard*, ZIS 2018, 249 (264): „Paradigmenwechsel"; siehe auch BR-Drs. 215/18 v. 6.7.2018, S. 2 („Novum"); BR-Drs. 21571/18 v. 25.6.2018, S. 2.

56 Vgl. EP, A9–0256/2020, PE642.987v02–00 v. 11.12.2020 (Bericht *Sippel*), S. 26.

ter Einbindung der flankierenden Vertreterbestellung) zu verbinden, da durch die von der Kommission vorgeschlagene RL alle EU-Mitgliedstaaten – auch diejenigen, die sich nicht an den Rechtsinstrumenten nach Titel V Kapitel 4 AEUV („Justizielle Zusammenarbeit in Strafsachen") beteiligen – verpflichtet wären, einen Vertreter zu bestellen und dieser zudem auch für weitere künftige Instrumente (des Datenaustausches) zur Verfügung stehen sollte; hier sieht das EP einen Konflikt mit Art. 53, 62 AEUV (Niederlassungs-/Dienstleistungsfreiheit; *„Koordinierung der Rechts- und Verwaltungsvorschriften der Mitgliedstaaten über die Aufnahme und Ausübung selbstständiger Tätigkeiten"*).[57] Neben der Stichhaltigkeit dieser Argumente hätte eine solche Konvergenz von VO und RL zu einem gemeinsamen Rechtsinstrument jedenfalls den Vorteil, dass eine in sich abschließende Regelungsmaterie entstünde, deren Homogenität und Übersichtlichkeit ohnehin schon durch zahlreiche Detailregelungen in Gefahr gerät.

IV. „Hilfe zum Recht" ohne Strafbarkeit im eigenen Recht?

Das Regelungskonzept der EPO gibt neben dem Territorialitätsprinzip auch das Prinzip der beiderseitigen Strafbarkeit weitgehend auf (Art. 3, 5 und 6 VO-E),[58] was aus der Sicht der Kommission insofern konsequent anmutet, als es beim Datenaustausch schlicht keine zwei „Seiten" (Staaten) mehr geben soll. Ob die Tat auch im „*Vollstreckungs*staat" unter Strafe steht,[59] wäre damit grundsätzlich nicht von Relevanz. Demnach ist auch der Erlass einer EPO zur Verfolgung von Straftaten im Anordnungsstaat denkbar, die in dem Staat, in dem die Pflicht des Diensteanbieters zur „Ausführung" der EPO ausgelöst wird, kein strafrechtliches Unrecht darstellt.[60]

Vor allem das EP hat bereits früh im politischen Diskussionsprozess die Forderung erhoben, den sachlichen Anwendungsbereich der VO in Relation zu den betroffenen Datenkategorien klarer zu definieren und inhaltlich

57 EP-LIBE, A9–0257/2020, PE642.979v03–00 v. 11.12.2020 (Bericht *Sippel*), S. 6.

58 Kritisch: EDSA (Fn. 52), S. 7; BR-Drs. 215/18, S. 8 f.; *Schott*, Außer Kontrolle geraten – Die E-Evidence Vorschläge der Kommission, StV-Editorial 1/2020; *Niekrenz*, DuD 2020, 535 (536).

59 Zur besonderen Konstellation einer Verbandsstrafbarkeit (juristischer Personen und Personenverbände) im Anordnungsstaat, die der Diensteanbieter unterstützen müsste (Art. 3 Abs. 3 S. 2 VO-E): *Esser*, StraFo 2019, 404 (408).

60 Vgl. BR-Drs. 215/18, S. 9; kritisch zu den Möglichkeiten eines politischen Missbrauchs: BRAK-Stellungnahme Nr. 28/2018, S. 3.

zu begrenzen.[61] Angesichts der Intensität des mit der Befolgung einer EPO verbundenen Eingriffs in die betroffenen Grundrechte des von einer solchen Maßnahme des „digitalen Datenaustauschs" Betroffenen ist die Festlegung eines Deliktskatalogs, bei dem die beiderseitige Strafbarkeit nicht geprüft wird, vergleichbar den Modellen in der RL-EuHb bzw. RL-EEA[62], letztlich unumgänglich.[63] Ein solcher Katalog könnte das Problem der sonst im Einzelfall nicht gewährleisteten beiderseitigen Strafbarkeit und die damit verbundene Gefahr einer Erfüllungsgehilfenschaft von Diensteanbietern für „politisch" motivierte Strafverfahren zumindest deutlich begrenzen. Die Einschränkung des sachlichen Anwendungsbereichs der EPO-VO im Regelungsmodell der Kommission ist zwar eine zentrale Forderung des EP, das aber den Erlass einer EPO für Verkehrs- und Inhaltsdaten auch nur auf bestimmte (harmonisierte) Katalogtaten bzw. Straftaten begrenzen will, für die im Anordnungsstaat eine Mindesthöchststrafe von *drei* Jahren vorgesehen ist (Art. 5 Abs. 4, 4a VO-E).[64] Zur Problematik einer fehlenden beiderseitigen Strafbarkeit im Kern verhalten sich auch die Vorschläge des EP bedauerlicherweise nicht.

V. Die Krux des Grundmodells: Grundrechtsschutz durch einen unionrechtlich der Kooperationspflicht unterliegenden Privaten?

1. Prüf- und Ausführungspflichten des Diensteanbieters

Das Konzept der EPO legt konkrete Regeln fest, nach denen – vom Ermittlungsverfahren bis zum rechtkräftigen Abschluss des gerichtlichen Verfahrens über die erhobene strafrechtliche Anklage – eine Strafverfolgungsbehörde bzw. ein Gericht gegenüber dem Vertreter eines Diensteanbieters

61 Vgl. hierzu die Vorschläge des EP, PE642.987v00–01 v. 24.10.2019 (Berichtsentwurf *Sippel*), S. 31 f., 80.

62 Siehe hierzu auch § 91b Abs. 1 Nr. 1 IRG für die EEA.

63 Vgl. BR-Drs. 215/18 v. 6.7.2018, S. 9; krit. zum Fehlen eines derartigen Katalogs auch: *Schott*, Außer Kontrolle geraten – Die E-Evidence Vorschläge der Kommission, StV-Editorial 1/2020.

64 EP-LIBE, A9–0256/2020, PE642.987v02–00 v. 11.12.2020 (Bericht *Sippel*), S. 31–32; zum ursprünglichen Vorschlag einer Mindesthöchststrafe von 5 Jahren (ErwG 31, Art. 5 Abs. 4 VO-E): EP, PE642.987v00–01 v. 24.10.2019, Berichtsentwurf (*Sippel*), S. 31, 80.

verbindlich und sanktionsbewehrt (Art. 13 VO-E) die Herausgabe elektronischer Beweismittel anordnen kann.[65]

Entsprechende Herausgabe- und Sicherungsanordnungen sollen von einem (Ermittlungs-)Richter, dem zuständigen Gericht, dem zuständigen Staatsanwalt oder (mit *ex-ante*-Validierung durch eine Justizbehörde) einer anderen zuständigen Ermittlungsbehörde erlassen werden können (Art. 4 VO-E) – in der Form eines Zertifikats (EPOC/EPOC-PR; Art. 8 VO-E), das bestimmte Angaben enthalten muss, u.a. zur Anordnungsbehörde, zum Adressaten und zu den Kategorien der betroffenen Daten (Art. 5 Abs. 5 *lit.* a bis h VO-E).[66]

Nach dem Erhalt des Zertifikats (EPOC) hat der Diensteanbieter dafür Sorge zu tragen, dass die angefragten Daten spätestens nach 10 Tagen direkt an die Anordnungs- bzw. Strafverfolgungsbehörde(n) im Anordnungsstaat übermittelt werden (Art. 9 Abs. 1 VO-E); für sog „Notfälle" (Art. 2 Nr. 15 VO-E: „unmittelbare Gefahr für das Leben oder die körperliche Unversehrtheit einer Person oder für eine kritische Infrastruktur")[67] war sogar eine Frist von nur 6 Stunden vorgesehen (Art. 9 Abs. 2 VO-E);[68] das EP hält dagegen eine Frist von 16 Stunden für angemessen.[69]

Dass Adressat einer EPO jede beliebige Niederlassung bzw. jeder Vertreter des Diensteanbieters in einem Staat der Union sein kann (Art. 7 Abs. 1 u. 2 VO-E) wirft vor allem Fragen in Hinblick auf die Gewährleistung eines effektiven Grundrechtsschutzes auf.

65 Durch eine European Preservation Order (EPO-PR) soll ein Anbieter besagter Dienstleistungen zur Sicherung elektronischer Beweismittel verpflichtet werden können (Art. 2 Nr. 2 VO-E), die Grundlage eines späteren detaillierten Herausgabe-/Übermittlungsersuchens (via klassischer Rechtshilfe mit einem Drittstaat bzw. mit Hilfe einer EEA oder EPO) werden können.

66 Vgl. Art. 6 Abs. 3 VO-E für die EPO-PR.

67 Das EP will den Passus „*kritische Infrastruktur*" als solchen streichen und eine entsprechende Bedrohung als Notfall nur mit einem Personenbezug anerkennen, vgl. EP, A9–0256/2020, PE642.987v02–00 v. 11.12.2020 (Bericht *Sippel*), ErwG 28a (S. 13), 29.

68 Wenn zwingende Gründe der Übermittlung entgegenstehen, ist zumindest eine Sicherung der Daten durchzuführen und die Anordnungsbehörde zu informieren (Art. 9 Abs. 6 VO-E).

69 Vgl. EP, A9–0256/2020, PE642.987v02–00 v. 11.12.2020 (Bericht *Sippel*), Art. 8a Abs. 3 (S. 37), Art. 9 Abs. 1a (S. 39).

2. *Effektiver Schutz der Grund- und Verteidigungsrechte?*

Die EPO-VO lässt die Verpflichtung der Strafverfolgungs- und Justizbehörden zur Achtung der Grundrechte und der Rechtsgrundsätze, die in Art. 6 EUV verankert sind, einschließlich der Verteidigungsrechte von Tatverdächtigen und Beschuldigten zwar explizit unberührt (Art. 1 Abs. 2 VO-E). Nach dem ursprünglichen Regelungskonzept sollte aber erst nach einem vom Anbieter festgestellten Grundrechtsverstoß oder Missbrauch die „zuständige Vollstreckungsbehörde" im Mitgliedstaat des Adressaten von der Existenz der EPO erfahren.

Die aus Art. 9 Abs. 5 UAbs. 2 VO-E abzuleitende „Prüfpflicht" für den privaten Diensteanbieter („*ist der Adressat der Ansicht, dass das EPOC nicht ausgeführt werden kann, weil aus den in dem EPOC enthaltenen Informationen hervorgeht, dass es offenkundig gegen die Charta der Grundrechte der Europäischen Union verstößt oder offensichtlich missbräuchlich ist*")[70] und die damit verbundene Aufgabenzuweisung einer Kontrolle der Einhaltung von Grundrechten der durch einen transnationalen elektronischen Datenaustausch Betroffenen (vgl. „verstößt", „offensichtlich missbräuchlich") durch eine Privatperson, die ihrerseits unter einer bußgeldbewehrten Kooperationspflicht agiert, ist von Anfang an als eine der Rechtshilfe unbekannte „Privatisierung des Grundrechtsschutzes" unter Verdrängung grundrechtlicher staatlicher Schutzpflichten vehement kritisiert worden.[71]

Doch die grundrechtlichen Bedenken gehen weiter. Schon der Vorschlag der Kommission sah zwar vor, dass eine EPO(-PR) für die Zwecke eines Strafverfahrens stets *notwendig* und *verhältnismäßig*[72] sein muss (Art. 5 Abs. 2, Art. 6 Abs. 2 VO-E) und (nach dem aus Art. 6 Abs. 1 *lit.* b RL-EEA bekannten Äquivalenzgrundsatz)[73] nur erlassen werden darf, wenn in einer *vergleichbaren innerstaatlichen Situation* im Anordnungsstaat für dieselbe Straftat eine ähnliche Maßnahme zur Verfügung stünde (Art. 5 Abs. 2 VO-E). Ein zentraler Kritikpunkt war dabei einerseits, dass diese Prüfung nur dem Anordnungsstaat oblegen hätte und auch nur diesem

70 Kritisch hierzu auch BR-Drs. 215/18 v. 6.7.2018, S. 5 f.

71 Dazu bereits: *Esser*, StraFo 2019, 404 (408 f.); *Tosza*, NJECL 2020, 161 (182) – *„unreliable defenders of our fundamental rights"*.

72 Vgl. für die Sicherungsanordnung: Art. 6 Abs. 2 VO-E: Verhinderung der Entfernung, Löschung oder Änderung von Daten im Hinblick auf ein späteres Ersuchen um Herausgabe.

73 Vgl. hierzu: EuGH, Rs. C-724/19 – Schlussanträge GA vom 20.5.2021 (keine Zuständigkeit von StA bei nationalem Richtervorbehalt für vergleichbare Ermittlungsmaßnahme).

faktisch möglich gewesen wäre, da in den Zertifikaten relevante Umstände zur Bemessung der Verhältnismäßigkeit der Maßnahme (i.e. Angaben zu den der Anordnung zugrunde liegenden Ermittlungen) nicht in den Zertifikaten (EPOC/EPOC-PR) enthalten sein durften (Art. 8 Abs. 3 S. 2, Abs. 4 S. 2 VO-E).[74] Andererseits ging die Kritik dahin, dass die konzeptionelle Beschränkung des Äquivalenzerfordernisses auf den Anordnungsstaat es Behörden anderer Mitgliedsstaaten erlaubt hätte, unter nach eigenem Recht niedrigeren Voraussetzungen und Schutzmechanismen im Ausland gespeicherte Daten herauszuverlangen, als es den dortigen Strafverfolgern möglich wäre.[75]

Für kleinere Diensteanbieter sind die im Entwurf der Kommission vorgesehenen Fristen für die „Ausführung" der EPO und damit für die geforderte Grundrechtsprüfung zudem deutlich zu kurz bemessen. Die Bundesregierung hatte daher bereits früh in den Beratungen gefordert, finanziellen (Art. 12 VO-E)[76] und organisatorischen Belastungen kleinerer Unternehmen durch eine Verlängerung der Herausgabefristen vorzubeugen: Belastungen für Kleinunternehmen sollen indes auch nach den Vorstellungen des Rates lediglich auf einer etwaigen *Sanktionierungsebene* Berücksichtigung finden (ErwG Nr. 45a).[77]

Die Vertraulichkeit der Verteidigerkorrespondenz, Zeugnisverweigerungsrechte sowie journalistische Quellen hatte die Kommission schon *implizit* durch die vorherige Einschaltung einer Justizbehörde beim Erlass der Anordnung (Art. 4 VO-E) als hinreichend geschützt angesehen.[78] Immunitäten und Vorrechte (vgl. Art. 5 Abs. 7, Art. 14 und Art. 18 VO-E) sowie grundlegende Interessen in Bezug auf die nationale Sicherheit oder Verteidigung im Staat des Adressaten sollten zwar schon vor Erlass einer EPO durch die Anordnungsbehörde im Wege einer *„Klärung des Sachverhalts"* berücksichtigt werden (Art. 5 Abs. 7 VO-E), aber eben nur, wenn im konkreten Fall *„Grund zur Annahme"* besteht, dass solche sensiblen Daten von der Abfrage betroffen sein könnten, was weder die Anordnungsbehörde noch später der private Diensteanbieter verlässlich im Vorhinein beurtei-

74 Vgl. demgegenüber die in Art. 8 Abs. 3 *lit.* b 2. ZP-CyC näher spezifizierte "supporting information, provided for the purpose of assisting the requested Party to give effect to the order and which shall not be disclosed to the service provider without the consent of the requesting Party".

75 *Niekrenz*, DuD 2020, 535.

76 Die Kostenerstattung richtet sich nach vergleichbaren Fällen im nationalen Recht.

77 Ratsdok. 10206/19 v. 11.6.2019, S. 18 („financial strength of the service provider").

78 COM(2018) 225, S. 11.

len können. Das ursprüngliche Konzept der Kommission gewährte damit keinen wirksamen Schutz von Zeugnisverweigerungsrechten im Vollstreckungsstaat (vgl. § 91b Abs. 1 Nr. 2 IRG für die EEA); ebenso forderte es nicht einmal „harte“ Beweisverwertungsverbote im Anordnungsstaat für den Fall einer Missachtung entsprechender Privilegien im Zuge der Beweiserhebung.[79]

Zum Schutz von Berufsgeheimnissen hat der Rat die Perspektive immerhin *auch* auf den „Vollstreckungsstaat“ gerichtet („second legal framework“), dies allerdings davon abhängig gemacht, dass die von der Maßnahme betroffenen Daten sich auf eine Person beziehen, die sich *nicht* auf dem Territorium des Anordnungsstaates aufhält.[80] Das Abstellen auf das Vorhandensein bzw. das Fehlen eines solchen *„strong link to the issuing State”* greift aber für den effektiven Schutz von Zeugnisverweigerungsrechten und Berufsgeheimnissen jedenfalls dann zu kurz, wenn in dem betreffenden Staat ein strenges Datenschutzregime herrscht, das sich die betroffene Person etwa in Ausübung einer ihr obliegenden Pflicht zur Geheimhaltung zum Schutz ihrer Daten gezielt ausgesucht hat. Da bislang keine europaweite Harmonisierung strafprozessualer Immunitäten und Privilegien stattgefunden hat, bleiben die unterschiedlichen Standards einstweilen beachtlich.

Eine in der Sache gebotene Prüfung von Immunitäten und Privilegien im Vollstreckungsstaat kann faktisch am Ende nur eine mit grundrechtlichen Abwägungsparametern vertraute *Behörde* dieses Vollstreckungsstaates verlässlich leisten, die zeitgleich mit dem Anbieter über die angeordnete Maßnahme informiert wird.

Diese in aller Kürze aufgezeigten grundlegenden Schwächen des Kommissionsentwurfs in grundrechtssensiblen Fragen haben umfangreiche Nachbesserungen erforderlich gemacht. Rechtsstaatlich notwendig ist eine Erweiterung des Art. 5 VO-E dahingehend, dass schon die *Anordnung* einer EPO(-PR) zu unterbleiben hat, wenn durch die Ausführung der Maßnahme nach dem Recht des Anordnungsstaates geschützte Immunitäten und Privilegien (i.e. Daten geschützter Berufsgruppen wie etwa Ärzte, Rechtsanwälte oder Journalisten) *erkennbar* betroffen sind oder in einem anderen EU-Staat bereits eine endgültige Aburteilung derselben Tat (*ne bis in idem*)

79 Vgl. DAV-Stellungnahme Nr. 42/2018, S. 12 f.
80 Ratsdok. 10206/19 v. 11.6.2019, S. 11–14 (ErwG 35–35g).

ergangen ist.[81] Eine solche Regelung macht indes parallele Versagungsgründe auf Seiten des „Vollstreckungsstaates“ keinesfalls obsolet.

Die „Grundrechts-/Missbrauchs-Klausel“ des Art. 9 Abs. 5 UAbs. 2 VO-E, die nach dem ursprünglichen Konzept der Kommission den Anbieter noch zu einer entsprechenden Prüfung und ggf. Ablehnung der Vollstreckung der EPO (Art. 14 Abs. 4 *lit.* f VO-E) berechtigt hätte, haben die Mitgliedstaaten in den Nachverhandlungen im Rat *formal* gestrichen[82] und durch Verwendungsvorbehalte für gewonnene Daten in einem neuen Art. 12a VO-E („Limitations to the use of data obtained“) ersetzt, der sich seinerseits an den ursprünglichen Art. 18 VO-E anlehnt.[83] Verwendungsbeschränkungen bieten einen grundrechtlichen Schutz aber allenfalls dann, wenn sie – wie vom EP gefordert – auch mit „harten“ Beweisverwertungsverboten einhergehen. Ob am Ende die Reise der EPO-VO in diese Richtung geht, wird man abwarten müssen.

3. *Ausweitung des Katalogs möglicher Ablehnungsgründe*

Möglichkeiten (Gründe) für den Diensteanbieter, einer EPO im Einzelfall nicht Folge zu leisten, waren im Entwurf der Kommission nur in sehr beschränktem Umfang enthalten (Art. 14 Abs. 4 VO-E).[84] Weder die Rechtmäßigkeit der EPO noch den Grundsatz *ne bis in idem* hatte das ursprüngliche Konzept als zulässige Ablehnungsgründe vorgesehen.[85]

Den intensiven Bemühungen des EP um einen angemessenen Grundrechtsschutz ist es zu verdanken, dass zwischenzeitliche Vorschläge für eine Erweiterung der (*zwingenden*) Ablehnungsgründe vorliegen (Notwendigkeit und Verhältnismäßigkeit [„Voraussetzungen für den Erlass … ge-

---

81 Vgl. hierzu die Vorschläge des Rates, Dok. 10206/19 v. 11.6.2019, S. 4 (ErwG Nr. 12a).
82 Ratsdok. 10206/19 v. 11.6.2019, S. 37.
83 Ratsdok. 10206/19 v. 11.6.2019, S. 40.
84 Vgl. BRAK (Fn. 60), S. 4.
85 Vgl. BR-Drs. 215/1/18 v. 25.6.2018, S. 1, 2 ff.; dazu auch DAV (Fn. 79), S. 10 ff.

mäß Artikel 5"]; *ne bis in idem*; europäischer *ordre public*; bestimmte Immunitäten und Vorrechte[86]; Art. 10a Abs. 1 VO-E).[87]

Eine EPO zur Übermittlung von Verkehrs- und Inhaltsdaten soll vom Vertreter des Diensteanbieters darüber hinaus abgelehnt werden *können*, wenn ihre Vollstreckung wesentlichen nationalen Sicherheits- oder nachrichtendienstlichen Interessen schaden bzw. die Informationsquelle gefährden würde bzw. wenn der strafrechtliche Vorwurf eine Tat betrifft, die mutmaßlich außerhalb des Territoriums des Anordnungsstaates ergangen ist und ganz oder teilweise im Hoheitsgebiet des Vollstreckungsstaats begangen wurde und die Handlung, aufgrund derer das EPOC ergangen ist, nach dem Recht des Vollstreckungsstaates keine Straftat darstellt (immerhin ein gewisses Zugeständnis an die Befürworter einer beiderseitigen Strafbarkeit; Gegenausnahmen bestehen insoweit für sog. Katalogtaten (Art. 10a Abs. 2 VO-E).[88]

4. *Effektiver Rechtsschutz für die durch eine EPO Betroffenen*

Den Rechtsschutz der von einer EPO betroffenen Dienste-*Nutzer* hatte die Kommission in ihrem ursprünglichen Entwurf ebenfalls stark begrenzt.

a) Zurückstellung der Benachrichtigung

Tatverdächtige und Dritte („Personen"), deren Daten von einer EPOC betroffenen sind, sollten *„auf Aufforderung der Anordnungsbehörde"* (Art. 11 Abs. 1 VO-E), d.h. faktisch in der Regel, keine Information von der Datensicherung/-übermittlung erhalten, wenn dies den Ermittlungszweck, d.h. den Fortgang des im Anordnungsstaat geführten Strafverfahrens gefährdet hätte. Parallelen zum zwischenzeitlich in Kraft getretenen § 95a StPO mit

86 *„[...] nach dem Recht des Vollstreckungsstaats Immunitäten, Vorrechte oder Vorschriften zur Bestimmung und Beschränkung der strafrechtlichen Verantwortlichkeit im Zusammenhang mit der Pressefreiheit und der Freiheit der Meinungsäußerung in anderen Medien bestehen, die es unmöglich machen, die Europäische Herausgabeanordnung zu vollstrecken."*

87 EP-LIBE, A9–0256/2020, PE642.987v00–01 v. 11.12.2020 (Bericht *Sippel*), S. 42–43.

88 EP-LIBE, A9–0256/2020, PE642.987v00–01 v. 11.12.2020 (Bericht *Sippel*), S. 67.

der Möglichkeit einer „nicht-offenen“ Beschlagnahme sind offensichtlich.[89]

Die Zurückstellung einer Unterrichtung über die Herausgabe der Daten sieht die Kommission als zulässig an, solange die damit verbundene Verzögerung notwendig und verhältnismäßig ist, um eine *„Behinderung“* des betreffenden Strafverfahrens zu vermeiden (Art. 11 Abs. 2 VO-E).[90] Die in der Sache ohnehin eingeschränkte Informationspflicht sollte im Übrigen nur gegenüber einer *„Person, deren Daten angefordert werden“* bestehen – nicht für durch eine Datenanforderung häufig, „Mitbetroffene“, was schon datenschutzrechtlich ein unhaltbarer Zustand ist.[91]

Nach der Vorstellung des EP soll eine betroffene Person dagegen *grundsätzlich* informiert und ihre Benachrichtigung nur *ausnahmsweise* aufgeschoben werden dürfen.[92] Dies kommt schon durch die gegenüber dem Kommissionsvorschlag veränderte Reihenfolge der beiden Leitgedanken „Nutzerinformationen und Vertraulichkeit“ in der Überschrift von Art. 11 VO-E deutlich zum Ausdruck. Der Diensteanbieter hat zwar auch hier die erforderlichen dem Stand der Technik entsprechenden betrieblichen und technischen Maßnahmen vorzunehmen, um die Vertraulichkeit, Geheimhaltung und Integrität des EPOC(-PR) sowie der herausgegebenen oder gesicherten Daten zu gewährleisten. Die Anordnungsbehörde soll den Diensteanbieter aber nur so lange wie dies notwendig und verhältnismäßig ist, um eine Behinderung des betreffenden Strafverfahrens zu vermeiden oder die Grundrechte einer anderen Person zu schützen, und nur unter gebührender Berücksichtigung der Auswirkungen der Maßnahme auf die Grundrechte der Person, deren Daten angefordert werden, auf der Grundlage einer *ordnungsgemäß begründeten* und *regelmäßig zu überprüfenden gerichtlichen* Anordnung unter Angabe der Dauer der Geheimhaltungspflicht auffordern können, davon abzusehen, die Person, deren Daten angefordert werden, hiervon in Kenntnis zu setzen.

Die Verwendung der durch die Übermittlung gewonnenen Daten soll nach den Vorstellungen des EP dem Grundsatz der Spezialität unterliegen

---

89 Vgl. BRAK (Fn. 60), S. 4.

90 Kritisch hierzu: EP/LIBE, *Sippel/Franz*, 6. Arbeitsdokument (A) v. 1.4.2019, www.europarl.europa.eu/doceo/document/LIBE-DT-637466_DE.pdf, S. 2 f.; siehe hierzu die differenzierten Vorstellungen des Rates, Doc. 10206/19 v. 11.6.2019, S. 39.

91 Kritisch: *Burchard*, ZRP 2019, 164 (166); *Esser*, StraFo 2019, 404 (409).

92 EP-LIBE, A9–0256/2020, PE642.987v00–01 v. 11.12.2020 (Bericht *Sippel*), S. 44–45.

(Art. 11a VO-E: *„nicht für andere Verfahren"*)[93]. Für rechtswidrig erlangte Daten schlägt das EP konsequent ein Verwertungsverbot vor (Art. 11c VO-E).[94]

b) Effektiver Rechtsschutz im Anordnungsstaat ohne harte Beweisstandards?

Dem Gebot effektiven Rechtsschutzes wollte der ursprüngliche Entwurf der Kommission durch eine weitgehende Zentralisierung von Rechtsbehelfen im *Anordnungsstaat* entsprechen (Art. 18 VO-E), was den Anforderungen von Art. 13 EMRK bzw. Art. 47 Abs. 1 GrCh sowie den Grundsätzen eines fairen Verfahrens („Rechtsschutz im Ausland") kaum entsprochen hätte.

Art. 17 VO-E verwies für *Verdächtige/Beschuldigte* auf die unionsrechtlichen Datenschutzrechtsbehelfe (JI-RL bzw. DSGVO; Abs. 1) und normierte zusätzlich das Recht, *„während des Strafverfahrens"* (im Anordnungsstaat) wirksame Rechtsbehelfe einzulegen – dies allerdings nur gegen eine EPO (nicht gegen eine EPO-PR) – wenn die Daten Eingang in das spezielle Strafverfahren finden, das Gegenstand der Anfrage war.

Dritte (*„deren Daten mit einer EPO eingeholt wurden"*; Abs. 2) sollen ebenfalls im Anordnungsstaat wirksame Rechtsbehelfe gegen diese einlegen können. Für Dritte, deren Daten dagegen nur „beiläufig" (ohne ausdrücklichen Bezug in der Anordnung) mitübermittelt werden („Mitbetroffene"), sollte dagegen offenbar – das Konzept ihrer Nichtbenachrichtigung fortsetzend – kein Rechtsschutz eröffnet sein.

Einen (zusätzlichen) Rechtsschutz in einem „Vollstreckungsstaat" oder gar Wohnsitzstaat sollte es explizit nicht geben. Die Kontrolle der Rechtmäßigkeit der Maßnahme, ihre Notwendigkeit und Verhältnismäßigkeit sollten *allein* durch die vorherige Einschaltung einer Justizbehörde beim Erlass der Anordnung gewährleistet sein.[95] Art. 17 Abs. 3 bis 6 VO-E ver-

---

93 EP-LIBE, A9–0256/2020, PE642.987v00–01 v. 11.12.2020 (Bericht *Sippel*), S. 45.

94 EP-LIBE, A9–0256/2020, PE642.987v00–01 v. 11.12.2020 (Bericht *Sippel*), S. 45–46 („Elektronische Informationen, die unter Verstoß gegen diese Verordnung erlangt wurden, unter anderem, wenn die in dieser Verordnung festgelegten Kriterien nicht erfüllt waren, sind vor Gericht nicht zugelassen. Wurden elektronische Informationen erlangt, bevor ein in Artikel 10a (neu) genannter Grund für die Nichtanerkennung geltend gemacht wurde, sind sie vor Gericht ebenfalls nicht zugelassen.").

95 COM(2018) 225, S. 11.

wiesen diesbezüglich zu Inhalt und Form der geforderten Rechtsbehelfe konsequent auf das „nationale Recht“ im Anordnungsstaat. Die pauschale und inhaltlich nichtssagende Forderung nach einer Wahrung der Verteidigungsrechte und der Gewährleistung eines fairen Verfahrens im Rahmen der Beweisverwertung (Abs. 6; vgl. auch ErwG Nr. 12, 14) entsprachen jedenfalls nicht den Vorstellungen, die man mit einem effektiven Individualrechtsschutz verbindet.

VI. Notifikations-/Validierungsverfahren

Zur Aufrechterhaltung der Souveränität des durch die Datenauskunft auf seinem Territorium betroffenen Mitgliedstaates hat der Rat (Art. 7a VO-E) ein sog. *„Tandem-Verfahren“* in Form einer Notifikation des Vollstreckungsstaates („shall submit a copy of the EPOC“)[96] vorgeschlagen. Demzufolge hat der Anordnungsstaat die Behörden des Mitgliedstaates, in dem sich der Adressat befindet, zu beteiligen, sobald er die EPO an diesen richtet. Diese sollen den Datenaustausch allerdings nach den Vorstellungen des Rates nicht verhindern können („no suspensive effect“).[97] Der Rat will dieses Notifizierungsverfahren zudem von einem *„residence criterion”* abhängig machen, also nur dann zur Anwendung kommen lassen, wenn sich die Person, deren Daten betroffen sind, nicht auf dem Territorium des Anordnungsstaates befindet; das EP stellt dagegen den Schutz der Souveränität des „Vollstreckungsstaates“ in den Vordergrund und will auch in Hinblick auf eine fehlende europaweite Harmonisierung wesentlicher datenrechtlicher Aspekte beim Thema E-Evidence insoweit keine Ausnahmen zulassen.[98]

Das EP hat außerdem vorgeschlagen, dass sowohl eine EPO als auch eine EPO-PR bezüglich aller Datenkategorien stets zeitgleich an den Diensteanbieter (Hauptniederlassung oder benannter gesetzlicher Vertreter) und an eine Vollstreckungsbehörde des Staates (Art. 7 Abs. 1 VO-E) zu richten sind, deren Zuständigkeit sich nach dem Sitz des Diensteanbieters

96 Ratsdok. 15020/18 v. 30.11.2018, S. 37; 10206/19 v. 11.6.2019, S. 13 (ErwG 35c), S. 34; zu dieser Forderung bereits BR-Drs. 215/18 v. 6.7.2018, S. 7 und BRAK (Fn. 60), S. 8 f.

97 Ratsdok. 11314/21 v. 26.8.2021, S. 2; krit. zum fehlenden Veto-Recht: *Niekrenz*, DuD 2020, 535; *Esser*, StraFo 2019, 404 (412).

98 Siehe die Mitteilung der unterschiedlichen Standpunkte in: Ratsdok. 11314/21 v. 26.8.2021, S. 3. Zur Beachtung völkerrechtlicher Grundsätze bei hoheitlichen Direktermittlungen auch: Wabnitz/Janovsky/Schmitt/*Bär* (Fn. 3), Kap. 28, Rn. 27.

bzw. seines Vertreters bestimmt.[99] Bei Abfragen von Teilnehmerdaten und IP-Adressen (zu dem einzigen Zweck der Identifizierung einer Person) soll die Vollstreckungsbehörde der Verwendung der Daten bzw. ihrer erst zukünftigen Übermittlung widersprechen können (Art. 8a Abs. 4 VO-E);[100] die gleichzeitige Unterrichtung der Vollstreckungsbehörde hat hier keine aufschiebende Wirkung. Ist die EPO auf Verkehrs- und Inhaltsdaten gerichtet, sollen diese zunächst gesichert werden (Art. 9 Abs. 1 VO-E); abgesehen von Eilfällen (16 Stunden) hat der Diensteanbieter abzuwarten, ob die Vollstreckungsbehörde binnen zehn Tagen die Anerkennung oder Vollstreckung des EPOC aus einem der in Art. 10a VO-E genannten Gründe versagt (Art. 9 Abs. 1a VO-E).[101]

Zwischenzeitlich scheinen sich Rat und EP zumindest in dem Punkt anzunähern, dass es für eine EPO-PR keiner gleichzeitigen Notifizierung des Staates bedürfen soll.[102]

Aufgrund der nach dem Regelungskonzept der Kommission im *Vollstreckungs*staat weitgehend nicht vorgesehenen Kontrolle der EPO haben sich zudem Forderungen nach der Etablierung eines „förmlichen Prüfungs-/Validierungsverfahrens auf letzter Stufe" verdichtet. Der Rat hatte hierzu schon im März und Juni 2019 seinen Standpunkt festgelegt, mit durchaus relevanten Änderungen im Detail (u.a. Geltung des Spezialitätsgrundsatzes in Bezug auf die gewonnenen Daten, Art. 12b VO-E).[103]

---

99 EP-LIBE, A9–0256/2020, PE642.987v00–01 v. 11.12.2020 (Bericht *Sippel*), S. 35; vgl. dagegen *Burchard*, ZRP 2019, 164 (167) mit dem Vorschlag einer Notifikation des Heimatstaates bei durch die Maßnahme betroffenen Ausländern, des Staates, der von Nutzern wegen eines hohen Datenschutzniveaus bewusst ausgewählt wird (die Abgrenzung dürfte indes in der Praxis schwierig werden) und einem generellen Verzicht auf eine Notifikation bei hinreichender vorheriger Aufklärung der Nutzer.

100 EP-LIBE, A9–0256/2020, PE642.987v00–01 v. 11.12.2020 (Bericht *Sippel*), S. 38.

101 EP-LIBE, A9–0256/2020, PE642.987v00–01 v. 11.12.2020 (Bericht *Sippel*), S. 39; krit. zur Kürze dieser Frist: *Niekrenz*, DuD 2020, 535 (536).

102 Ratsdok. 11314/21 v. 26.8.2021, S. 2.

103 Vgl. Ratsdok. 10206/19 v. 11.6.2019; PM des Rates 746/18 v. 7.12.2018, https://www.consilium.europa.eu/de/press/press-releases/2018/12/07/regulation-on-cross-border-access-to-e-evidence-council-agrees-its-position/pdf; Stellungnahme des Rates v. 28.2.2019, Dok. 6946/19 (zur RL).

VII. Überarbeitung der Datenkategorien

Für die geforderte Datenschutz- und Grundrechtskontrolle waren die im EPO-Zertifikat geforderten Vorgaben zur näheren Bestimmung der angeforderten Daten (vgl. Art. 5 Abs. 5 *lit.* e VO-E bzw. Art. 6 Abs. 3 lit. e VO-E) letztlich viel zu unpräzise.[104]

Von besonderer Bedeutung war dabei im ursprünglichen Entwurf die Unterscheidung nach *Teilnehmer- und Zugangsdaten* einerseits sowie nach *Transaktions- und Inhaltsdaten* andererseits. Während bei Teilnehmer- und Zugangsdaten eine EPO(PR) aufgrund eines Verdachts *jeder* Straftat hätte erlassen werden können (Art. 5 Abs. 3 VO-E)[105], hätten (nur) bei Transaktions- und Inhaltsdaten strengere Anforderungen gegolten: derartige Daten hätten nur dann Gegenstand einer EPO(PR) werden dürfen, wenn es um die Verfolgung von Straftaten gegangen wäre, die im Anordnungsstaat mit einer Freiheitsstrafe im Höchstmaß von mindestens drei Jahren geahndet werden, oder wenn es sich um bestimmte (unionsrechtlich meist harmonisierte) Straftaten gehandelt hätte, die im Zusammenhang mit dem Cyberspace (Begehung mittels eines Informationssystems) oder dem Terrorismus stehen (Art. 5 Abs. 4 *lit.* b u. c VO-E).[106]

Die Unterscheidung nach Datenkategorien (Art. 2 Nr. 7–10 VO-E) war auch in Hinblick auf die Klassifizierung der von der EPO-VO geforderten anordnenden Stelle von Bedeutung: für die Anordnung der Herausgabe von *Teilnehmer- und Zugangsdaten* sowie für eine EPO-PR sollten Richter *und* Staatsanwälte zuständig sein (originär oder validierend; Art. 4 Abs. 1, Abs. 3 VO-E), für die Herausgabe von Transaktions- und Inhaltsdaten hätte es stets einer richterlichen Entscheidung bedurft (originär oder validierend, Art. 4 Abs. 2 VO-E).

Die von der Kommission vorgeschlagene Unterscheidung nach verschiedenen Datenkategorien war nur augenscheinlich „trennscharf" und trug darüber hinaus kaum dem Umstand Rechnung, dass neben Inhaltsdaten auch Zugangs- und vor allem Verkehrsdaten in der Praxis immer wichtiger werden. Im Regelfall wird eine EPO zudem auf ein „Gemisch" von Daten verschiedener Kategorien gerichtet sein. Die damit aufgezeigte Problema-

---

104 Vgl. BRAK (Fn. 60), S. 7; hierzu bereits kritisch: *Esser*, StraFo 2019, 404 (411).

105 Der Rat hat die Ergänzung „and for the execution of a custodial sentence or a detention order of at least 4 months" angeregt, Dok. 10206/19 v. 11.6.2019, S. 30.

106 Der Rat (Dok. 10206/19 v. 11.6.2019, S. 31) favorisierte die Ergänzung: „(d) for the execution of a custodial sentence or a detention order of at least four months imposed for criminal offences pursuant to point (a), (b) and (c) of this paragraph".

tik in der Verfolgungspraxis lässt sich letztlich nur durch einen generellen Richtervorbehalt für Inhalts- und Verkehrsdaten[107] sowie durch nachträgliche Verwendungseinschränkungen für Teilnehmer- und Zugangsdaten bei erhöhter Grundrechtsrelevanz lösen (Erfordernis der nachträglichen richterlichen Genehmigung sowie Vorsehung gesonderter Verwendungs- und Verwertungsregeln).[108]

Der LIBE-Ausschuss des EP hat in den Beratungen folgerichtig eine Reduzierung auf drei Datenkategorien vorgeschlagen: Teilnehmer-, Verkehrs- und Inhaltsdaten.[109] Die Anordnung einer auf Verkehrs-[110] und Inhaltsdaten gerichteten EPO soll nach den Vorstellungen des EP stets einem Richtervorbehalt (mindestens Validierung) unterliegen (Art. 4 Abs. 2 VO-E).

E. *Fazit und Ausblick*

Die Notwendigkeit einer praxistauglichen Neujustierung staatlicher Zugriffsmöglichkeiten auf elektronische Beweismittel im Ausland ist angesichts einer auch in den nächsten Jahren sicherlich weiter voranschreitenden Globalisierung und Digitalisierung des gesellschaftlichen Lebens nicht zu leugnen.[111] Das 2018 der Öffentlichkeit vorgestellte E-Evidence-Paket der Kommission wies allerdings zahlreiche grundrechtsrelevante Schwachstellen auf, die bis zur endgültigen Fassung der Rechtsakte einer Nachjustierung bedürfen.

In den Trilog-Verhandlungen, deren erfolgreichen Verlauf der Rat im August 2021 noch eher skeptisch betrachtete,[112] hat sich vor allem das

---

107 Siehe: EP/LIBE, *Sippel/Ernst*, 5. Arbeitsdokument (A) v. 8.3.2019, www.europarl.europa.eu/doceo/document/LIBE-DT-636335_DE.pdf, S. 2 f.; vgl. auch den vom Rat vorgeschlagenen ErwG Nr. 33a, Dok. 10206/19 v. 11.6.2019, S. 10.

108 *Burchard*, ZRP 2019, 164 (166) – „kontinuierliche Gesamtbetrachtung", gesonderte Verwendungs- und Verwertungsregeln, etwa bei Entstehung eines detaillierten Bewegungsprofils.

109 Vgl. hierzu die Vorschläge des EP für Art. 2 Nr. 6–10 VO-E, A9–0256/2020, PE642.987v02–00 v. 11.12.2020 (Bericht *Sippel*), S. 27–28.

110 Eine erweiterte staatsanwaltschaftliche Anordnungsbefugnis soll nach dem Willen des EP für *IP-Adressen* geschaffen werden, „die zu dem einzigen Zweck der Bestimmung der Identität von Einzelpersonen mit direktem Bezug zu dem Verfahren nach Artikel 3 Absatz 2 der Verordnung" erlassen werden (Art. 4 Abs. 1 VO), A9–0256/2020, PE642.987v02–00 v. 11.12.2020 (Bericht *Sippel*), S. 30.

111 So auch bereits *Burchard*, ZIS 2018, 190; *Woods*, Stanford Law Review 2016, 729.

112 Ratsdok. 11314/21 v. 26.8.2021: *"[...] the trilogues held so far have produced agreements on a few issues, but the main issues of disagreement remain open."*

EP als Garant rechtsstaatlicher Garantien und als Wegbereiter für die Implementierung eines „Vollstreckungsstaates" in das Grund-Konzept der EPO erwiesen.[113] Wie schwierig der Weg zu einer politischen Einigung aber noch sein dürfte, zeigt die Stellungnahme der European Judicial Network's Working Group v. 9.2.2021 zu den Änderungsvorschlägen des EP vom Dezember 2020:

„*Overall, the proposal creates a burdensome procedure, from the notifications to the number of required consultations. This system does not only not generate the needed added value but provides legal uncertainty and a complex system to maintain. In the age of quickly evolving technologies, the legal acts should be able to provide flexible, modern and advanced procedures that would enable authorities to conduct their investigations effectively and entrusted to respect the fundamental rights and rule of law. The EJN Working Group calls on the legislator to hear the voice of practitioners and to avoid adopting the instrument that would throw legal cooperation several steps backwards.*"[114]

113 Vgl. hierzu die Vorschläge des EP für Art. 3 Abs. 1 VO-E, A9–0256/2020, PE642.987v02–00 v. 11.12.2020 (Bericht *Sippel*), S. 29.

114 Second Statement by the European Judicial Network's Working Group on e-Evidence on the proposal for a Regulation on European Production and Preservation Orders for electronic evidence in criminal matters, Ratsdok. 6036/21 v. 9.2.2021.

Lehrstück „Transparenzregister“ – Wie Digitalisierungsrückstand und fehlender Datenschutz die deutschen Unternehmen belasten –

Peter Schaub/Christoph Teichmann

Das 2017 eingeführte Transparenzregister dient der Bekämpfung von Geldwäsche und Terrorismusfinanzierung und nimmt damit im System der Unternehmenspublizität eine Sonderstellung ein (*unter A.*). Es legt den „wirtschaftlich Berechtigten“ eines Unternehmens offen und will dadurch die Verschleierung illegaler Geldströme verhindern.

Das hehre Regelungsziel führt allerdings zu einer übermäßigen und dysfunktionalen Belastung der Wirtschaft (*unter B.*), deren Ursache im Digitalisierungsrückstand der deutschen Verwaltung liegt. Die bestehenden Unternehmensregister (insb. das Handelsregister) werden zwar elektronisch geführt, sind aber nicht in der Lage, ihre Informationen automatisiert an das Transparenzregister zu übermitteln. Daher müssen alle Unternehmen Doppelmeldungen vornehmen und dem Transparenzregister in großen Teilen Informationen übermitteln, die bereits in anderen öffentlichen Registern verzeichnet sind. Fehler bei der Meldung gehen zu Lasten der Unternehmen und können empfindliche Bußgelder nach sich ziehen.

Darüber hinaus fehlt der gesetzlichen Regelung das datenschutzrechtliche Korrektiv (*unter C.*). Die im elektronisch geführten Transparenzregister eingetragenen, im Kontext durchaus sensiblen personenbezogenen Daten können von jedermann eingesehen werden. Die datenschutzrechtlich gebotene Zweckbindung ist bei einer derartigen uferlosen Offenlegung nicht regelbar und nicht durchsetzbar. Der europäische Gesetzgeber, auf dessen Geldwäsche-Richtlinien das Transparenzregister zurückgeht, muss nachbessern!

A. *Das Transparenzregister im System der Unternehmenspublizität*

I. *Handelsregister: Korrelat der Marktteilnahme*

Wer als Kaufmann am Handelsverkehr teilnimmt, ist es gewohnt, unternehmensrelevante Daten offenzulegen.[1] Die Kaufmannseigenschaft zieht kraft Gesetzes die Eintragungspflicht im Handelsregister nach sich. Dort ist die Firma anzumelden, also der Name, unter dem der Kaufmann im Handelsverkehr auftritt (§ 29 HGB). Der Offenlegung unterliegen auch Angaben zu den Haftungsverhältnissen: In Personengesellschaften sind die Gesellschafter, insbesondere die persönlich haftenden, namhaft zu machen (§ 106 Abs. 2 HGB). Bei einer Kapitalgesellschaft, in der nur Gesellschaftsvermögen haftet (§ 13 Abs. 2 GmbHG, § 1 Abs. 1 S. 2 AktG), ist die Kapitalziffer anzugeben. Außerdem müssen Kapitalgesellschaften jährlich ihre Bilanz und ihre Gewinn- und Verlustrechnung offenlegen (§ 325 HGB).

Diese Art der Unternehmenspublizität ist nicht neu. Von den oberitalienischen Kaufmannsregistern des 13. Jahrhunderts zieht sich die Traditionslinie bis zum heutigen digitalen Handelsregister.[2] Die Offenlegung von Unternehmensdaten dient der reibungslosen Abwicklung des Geschäftsverkehrs und dem Schutz der Gläubiger. Bei GmbH und AG ist die Offenlegung der Vermögensverhältnisse der Preis dafür, dass nur das Gesellschaftsvermögen haftet und nicht die Gesellschafter. Personengesellschaften sind demgegenüber von der Offenlegung der Vermögensverhältnisse befreit, müssen aber die Namen der persönlich haftenden Gesellschafter offenbaren. Ein Sonderfall ist die Typenkombination der GmbH & Co. KG. Hier handelt es sich zwar formell um eine Kommanditgesellschaft, also um eine Personengesellschaft. Der persönlich haftende Gesellschafter ist aber keine natürliche Person, sondern eine Kapitalgesellschaft. Die GmbH & Co. KG unterliegt daher den Offenlegungspflichten für Kapitalgesellschaften (vgl. § 264a HGB).

Man kann die Legitimation der Offenlegungspflichten auf die Formel bringen, es handele sich um ein „Korrelat der Markteilnahme“.[3] Die gesetzliche Offenlegungspflicht reduziert Informationsasymmetrien und

---

1 Umfassend hierzu: *Schenke/Teichmann* in: Stiftung Familienunternehmen (Hrsg.), Publizitätspflichten von Familienunternehmen – Bestandsaufnahme und datenschutzrechtliche Bewertung, München 2018.

2 Zur rechtshistorischen Entwicklung des Registerwesens *Merkt*, Unternehmenspublizität, 2001, S. 35 ff. Zum jüngsten Digitalisierungsschub *Teichmann*, GmbHR 2021, 1237 ff. (m.w.Nachw.).

3 *Merkt* (o. Fn. 2), S. 106.

stärkt dadurch die Funktionsfähigkeit des Geschäftsverkehrs.[4] Der Kreis der offenzulegenden Daten wird funktional dadurch bestimmt, dass die Informationen für den Geschäftsverkehr wesentlich und ihre Offenlegung daher durch die Marktteilnahme bedingt ist. Wer am Markt teilnimmt, profitiert auch selbst davon, die entsprechenden Informationen über andere Marktteilnehmer zu erhalten.[5] Der mit der Offenlegungspflicht verbundene Eingriff in das informationelle Selbstbestimmungsrecht lässt sich daher mit dem Interesse der Allgemeinheit und der Funktionsfähigkeit der Märkte rechtfertigen; soweit erforderlich gilt dies auch für die Offenlegung personenbezogener Daten (insb. Namen und Wohnort der persönlich haftenden Gesellschafter einer Personengesellschaft und der Geschäftsführer einer Kapitalgesellschaft).[6]

II. Transparenzregister: Gefahrenabwehr und Strafverfolgung

1. Regelungsinhalt und Regelungszweck

Das sog. Transparenzregister ist historisch gesehen eine sehr junge Erscheinung. Es wurde im Jahre 2017 eingeführt und findet seine gesetzliche Grundlage bezeichnenderweise nicht im Handelsrecht, sondern im Geldwäschegesetz (GwG).[7] Das Transparenzregister erfasst alle juristischen Personen des Privatrechts und alle eingetragenen Personengesellschaften (vgl. § 20 GwG). Der Sinn des Registers liegt darin, die „wirtschaftlich Berechtigten" der genannten Vereinigungen offenzulegen.[8]

Das Transparenzregister hat seinen Ursprung in der 4. EU-Geldwäscherichtlinie vom 20. Mai 2015 („GwRL 2015").[9] Deren Regelungsziel ist die Bekämpfung von Geldwäschedelikten, organisierter Kriminalität und Terrorismusfinanzierung. Zum Wesen dieser Delikte gehört die Verschleierung der unrechtmäßigen Herkunft der Gelder und der wirtschaftlichen

---

4 *Merkt* (o. Fn. 2), S. 207 ff.

5 Zu den ökonomischen Effizienzerwägungen, die eine Offenlegungspflicht tragen können, *Jutzi*, Unternehmenspublizität, 2017, S. 68 ff. sowie *Merkt* (o. Fn. 2), S. 189 ff.

6 Zu den Einzelheiten *Schenke/Teichmann* (o. Fn. 1), S. 19 ff.

7 Regierungsentwurf zum Geldwäschegesetz 2017 mit Begründung (RegE GwG 2017), BT-Drs. 18/11555.

8 Zu den Einzelheiten nachfolgend C.II.

9 Richtlinie (EU) 2015/849 vom 20.5.2015, ABl. EU, 5.6.2015, Nr. L 141/73.

Nutznießer.[10] Privatrechtliche Strukturen im Gesellschaftsrecht können zur Verschleierung der Geldströme beitragen, daher soll im Transparenzregister der eigentliche Nutznießer – in der Gesetzesterminologie der „wirtschaftliche Eigentümer" – offengelegt werden.

Damit sind alle Rechtsformen, die bereits im Handelsregister stehen (insbesondere OHG, KG, GmbH und AG), gleichzeitig im Transparenzregister verzeichnet. Man mag sich fragen, wozu es dieser zusätzlichen Publizität bedarf und warum sie nicht über die bereits existierenden Register gewährleistet werden konnte. Die Frage führt unmittelbar zum Regelungszweck des Transparenzregisters: Es dient nicht dem allgemeinen Rechts- und Geschäftsverkehr, sondern der Gefahrenabwehr und der Strafverfolgung.

Die funktional auf die Teilnahme am Geschäftsverkehr bezogenen Informationen des Handelsregisters sind daher nur teilweise identisch mit denjenigen Daten, die für das Transparenzregister benötigt werden. Es geht hier nicht darum, die Marktteilnahme zu ermöglichen. Es geht vielmehr darum, der kriminellen Verschleierung von Geldströmen zu begegnen. Strafbare Handlungen werden immer von Menschen begangen. Daher ist die Offenlegung im Transparenzregister stets auf eine bestimmte natürliche Person bezogen, die als „wirtschaftlich Berechtigter" in einem Unternehmen maßgeblichen Einfluss hat.

2. *Einsichtnahme in das Register*

Der genannte Regelungszweck erscheint vollauf legitim, allerdings heiligt der Zweck nicht jedes Mittel. Bedenklich an der gesetzlichen Regelung des Transparenzregisters erscheint nicht die Erhebung der Daten an sich, sondern deren Offenlegung gegenüber der Allgemeinheit.[11] Schon Art. 30 Abs. 5 GwRL 2015 zog den Kreis der Zugangsberechtigten relativ weit: Nicht nur die zuständigen Behörden sollten auf die Daten zugreifen dürfen, sondern „alle Personen oder Organisationen, die ein berechtigtes Interesse nachweisen können". Ein solches sollte bereits vorliegen, wenn ein Bezug zur Verhinderung und Bekämpfung von Geldwäsche nachvollziehbar vorgebracht wurde.[12] Die Gesetzesbegründung nannte beispielhaft Nichtregierungsorganisationen, die sich dem Einsatz gegen Geldwäsche

---

10 Vgl. die Definition in Art. 1 Abs. 3 GwRL sowie § 261 StGB.

11 Hierzu bereits *Schenke/Teichmann*, ZIP 2019, 1260 ff.

12 RegE, BT.-Drs. 18/11555, S. 133.

verschrieben haben, oder auch Fachjournalisten, sofern die Recherche der Vorbereitung einer ernsthaften und sachbezogenen Auseinandersetzung dient.

Nur drei Jahre später legte die Europäische Union nach. Die 5. Geldwäscherichtlinie vom 30. Mai 2018 ("GwRL 2018")[13] erweiterte den Kreis der Zugangsberechtigten auf „alle Mitglieder der Öffentlichkeit" (Art. 30 Abs. 5 lit. c GwRL 2018). Damit kann jedermann für jedes privatrechtlich geführte Unternehmen die Identität derjenigen natürlichen Person erfahren, die als wirtschaftlich Berechtigter fungiert.[14] Die Informationen umfassen den Namen, Monat und Jahr der Geburt, das Wohnsitzland und die Staatsangehörigkeit sowie Art und Umfang des wirtschaftlichen Interesses. Die Mitgliedstaaten können darüber hinaus das Geburtsdatum und die Kontaktdaten offenlegen (Art. 30 Abs. 5 GwRL 2018).

Vom ursprünglichen Ziel des Transparenzregisters, den Steuer- und Strafverfolgungsbehörden eine effektivere Ermittlung der wirtschaftlich Berechtigten zu ermöglichen, hat sich der Gesetzestext damit weit entfernt. Zur Legitimierung der Offenlegung gegenüber jedermann heißt es, man wolle die Zivilgesellschaft aktivieren, damit sie zur Aufklärung von Straftaten im Bereich der Geldwäsche und Terrorismusfinanzierung beitrage.[15] Dass damit gerade in der heutigen Zeit der sozialen Netzwerke auch dem Missbrauch personenbezogener Daten Tür und Tor geöffnet wird, nimmt der Gesetzgeber kaum zur Kenntnis. Wer konkrete Anhaltspunkte einer Straftat vorweisen kann (z.B. Vermögensdelikte), kann zwar bestimmte Informationen für den öffentlichen Zugang sperren lassen. Dies erscheint aber kaum ausreichend, um den heutigen Anforderungen an den Schutz personenbezogener Daten gerecht zu werden.[16]

B. Das Transparenzregister: vom Auffang- zum Vollregister

Die Regelung zum Transparenzregister findet sich in den §§ 18 ff. GwG. Das elektronisch geführte Register schreibt für alle privatrechtlichen Personenvereinigungen die Anmeldung der sog. wirtschaftlich Berechtigten vor (dazu *unter I.*). Die hierdurch hergestellte Transparenz soll es Terroristen und sonstigen Kriminellen erschweren, das globale Finanzsystem zum

---

13 Richtlinie (EU) 2018/843, 30.5.2018, ABl. EU, 19.6.2018, Nr. L 156/43.
14 Kritisch *Kirchhof*, ZRP 2017, 127.
15 Erwägungsgrund 30 GwRL 2018.
16 Dazu im Einzelnen nachfolgend unter C.

Zwecke der Geldwäsche und Terrorismusfinanzierung zu missbrauchen,[17] indem sie ihre Identität hinter einem undurchsichtigen Netz von Gesellschaftsstrukturen (insb. durch Briefkasten-Gesellschaften) verbergen.[18] Die Einrichtung einer solchen Datenbank entspricht auch den Anforderungen der auf Initiative der G 7 eingerichteten internationalen *Financial Action Task Force* (FATF).[19]

Die Regelung fällt zwar in das Recht der Gefahrenabwehr, beschäftigt aber in der Praxis vor allem den gesellschaftsrechtlich orientierten Rechtsberater, da die Qualifizierung als wirtschaftlich Berechtigter auf Basis gesellschaftsrechtlicher Normen und Begrifflichkeiten erfolgt (*unter II.*). Zum Kummer der Praxis führt die rechtstechnische Einordnung zwischen Privatrecht, öffentlichem Recht und Strafrecht zu zahlreichen Auslegungsschwierigkeiten bei der Bestimmung des wirtschaftlich Berechtigten.[20]

Mit der sog. Meldefiktion wollte der Gesetzgeber des Jahres 2017, der das Transparenzregister erstmals einführte, den bürokratischen Aufwand in Grenzen halten (*unter III.*). Soweit die Transparenz bereits durch andere öffentliche Register hergestellt wird, galt die Meldepflicht bislang als erfüllt. Diese Fiktion erleichterte insbesondere der großen Gruppe derjenigen Unternehmen das Leben, die als GmbH organisiert sind. Denn deren Gesellschafter und Geschäftsführer sind über das Handelsregister einsehbar. Eine Meldung an das Transparenzregister war nur erforderlich, wenn sich durch interne Gestaltungen ausnahmsweise eine von den Beteiligungsverhältnissen abweichende Zuweisung der Unternehmenskontrolle ergab.

Die jüngste Gesetzesreform hat die Meldefiktion allerdings abgeschafft und das Transparenzregister dadurch zum Vollregister weiterentwickelt (*unter IV.*). Dies steht im Zusammenhang mit der gebotenen europäischen Vernetzung der Register, die wegen des deutschen Digitalisierungs-Rückstandes nicht durch Nutzung der vorhandenen Register erreichbar erscheint (*unter V.*). Der zu erwartende Mehraufwand, der auf etwa 2,3 Millionen Unternehmen zukommen dürfte, wird durch die gesetzlichen Übergangsfristen ein wenig abgemildert (*unter VI.*).

---

17 RegE GwG 2017, BT-Drs. 18/11555, S. 125.

18 Erwägungsgrund 14 der Vierten EU-Geldwäscherichtlinie.

19 FATF, International Standards on Combating Money Laundering and the Financing of Terrorism & Proliferation, FATF, Paris, France, www.fatf-gafi.org/recommendations.html (S. 85, zuletzt aufgerufen am 13.1.2022).

20 *Bochmann*, in: Festschrift für Ulrich Seibert, 2019, S. 107 ff.

I. Betroffene Rechtsträger – „Vereinigungen“ iSd. § 20 Abs. 1 S. 1 GwG

Normadressat der Regelung sind privatrechtliche Vereinigungen (§ 20 Abs. 1 S. 1 GwG). Mit dem Begriff der „Vereinigung“ schafft der Gesetzgeber einen für das deutsche Unternehmensrecht neuen Terminus. Hierunter fallen juristische Personen des Privatrechts (praktisch relevant vor allem für GmbH und AG) sowie eingetragene Personengesellschaften (insbesondere die im Handelsregister eingetragenen OHG und KG). Meldepflichtig sind auch die nicht rechtsfähigen Stiftungen, Trusts und ähnliche Strukturen nach § 21 GwG. Die Gesellschaft bürgerlichen Rechts (GbR) ist bislang keine eingetragene Personengesellschaft und daher von dem Pflichtenregime des Transparenzregisters nicht erfasst.[21]

Die genannten Vereinigungen sind verpflichtet, die in § 19 Abs. 1 GwG aufgeführten Angaben zu den wirtschaftlich Berechtigten der Vereinigungen einzuholen, aufzubewahren, auf aktuellem Stand zu halten und der registerführenden Stelle unverzüglich zur Eintragung in das Transparenzregister mitzuteilen. Die Meldepflicht richtet sich an die jeweilige Vereinigung und verschärft insoweit die Pflichtenlage der gesetzlichen Vertreter.[22] Diese sind verpflichtet, sich die nötigen Informationen bei ihren Gesellschaftern oder Mitgliedern zu besorgen. Mitzuteilen sind der Name, Geburtsdatum, Wohnort, Art und Umfang des wirtschaftlichen Interesses und die Staatsangehörigkeiten des wirtschaftlich Berechtigten (vgl. § 19 GwG). Die auf elektronische Weise vorzunehmende Mitteilung hat auf der Internetseite www.transparenzregister.de zu erfolgen.

II. Der wirtschaftlich Berechtigte gemäß § 3 GwG

1. Einordnung des Begriffs

Zentrale Kategorie für die Mitteilungspflichten zum Transparenzregister ist der sog. wirtschaftlich Berechtigte gemäß § 3 Abs. 1 GwG. Wirtschaftlich Berechtigter nach § 3 Abs. 1 GwG kann nur eine natürliche Person

---

21 Das 2021 verabschiedete Gesetz zur Modernisierung des Personengesellschaftsrecht (MoPeG, BGBl. I, 17.8.2021, S. 3436 ff.) führt ein Register für Gesellschaften bürgerlichen Rechts ein, so dass zukünftig auch eine Erfassung der GbR im Adressatenkreis des Transparenzregisters zu erwarten ist. Allerdings tritt das MoPeG erst Anfang 2024 in Kraft.

22 Vgl. *Teichmann*, Festschrift für Alfred Bergmann, 2018, S. 743 ff., zur insoweit verschärften Pflichtenstellung des GmbH-Geschäftsführers.

sein. Gesellschaften und Personenvereinigungen – gleich welcher Rechtsform – sind niemals als wirtschaftlich Berechtigte im Transparenzregister zu nennen. Dies folgt der geldwäscherechtlichen Logik, dass allein durch Aufdeckung anonymer Gesellschaftsstrukturen eine präventive Wirkung zur Bekämpfung von Geldwäsche und Terrorismusfinanzierung erzielt wird.[23]

Der Begriff des wirtschaftlich Berechtigten war bereits vor Einführung des Transparenzregisters Dreh- und Angelpunkt des GwG und zwar als Anknüpfungspunkt für die geldwäscherechtlichen Identifizierungspflichten. Die Verpflichteten i.S.d. § 2 GwG (beispielsweise Banken) sind bei der Eingehung von Geschäftsbedingungen zur Prüfung und Dokumentation verpflichtet, ob ihre Vertragspartner im eigenen Namen oder im fremden wirtschaftlichen Interesse handeln. Hierdurch sollen Strohmanngeschäfte, die Geldwäsche und Terrorismusfinanzierung Vorschub leisten, aufgedeckt werden (sog. *Know-your-customer*-Prinzip).[24]

Bis zur Einführung des Transparenzregisters waren allerdings nur dezentrale, auf die einzelne Geschäftsbeziehung ausgerichtete Angabepflichten gegenüber dem Vertragspartner (idR. Banken, Versicherungen etc.) im GwG vorgeschrieben. Durch das Transparenzregister entstand dagegen ein zentrales Register, das unabhängig von einzelnen geldwäscherechtlich relevanten Geschäftsbeziehungen Angaben zu den wirtschaftlich Berechtigten enthält. Mit Einführung des Transparenzregisters sollten die natürlichen Personen, die hinter einer Personenvereinigung stehen und sie kontrollieren, auch ohne direkte Rückfrage beim Geschäftspartner transparent gemacht werden.

2. *Tatsächlich wirtschaftlich Berechtigte einer Vereinigung*

Als wirtschaftlich Berechtigte von Vereinigungen sind gemäß § 3 Abs. 2 S. 1 GwG alle natürlichen Personen zu erfassen, die bei einer Gesellschaft *unmittelbar oder mittelbar*

i) mehr als 25 % der Kapitalanteile halten,
ii) mehr als 25 % der Stimmrechte kontrollieren, oder
iii) auf vergleichbare Weise Kontrolle ausüben.

---

23 RegE GwG 2017, BT-Drs. 18/11555, S. 125 mit Verweis auf den *Financial Action Task Force (FATF) Guidance – Transparency and Beneficial Ownership.*

24 Regierungsentwurf Geldwäschebekämpfungsergänzungsgesetz, BT-Drs. 16/9038, S. 30.

Dies führt zu einer Aufteilung in zwei Grundkategorien der wirtschaftlichen Berechtigung: Während das unmittelbare oder mittelbare Halten von mehr als 25 Prozent der Kapitalanteile oder die Kontrolle über mehr als 25 Prozent der Stimmanteile (§ 3 Abs. 2 S. 1 Nr. 1 und Nr. 2 GwG) durch Anknüpfung an gesellschaftsrechtliche Kategorien keine tiefergehenden dogmatischen Schwierigkeiten bereitet, ist die Kategorie der *Kontrolle auf sonstige Weise* (§ 3 Abs. 2 S. 1 Nr. 3 GwG) mit erheblichen Auslegungsschwierigkeiten verbunden.[25]

Die Ausübung der Kontrolle auf sonstige Weise in § 3 Abs. 2 Nr. 3 GwG wird durch § 19 Abs. 3 Nr. 1 b) GwG konkretisiert, wonach dies insbesondere aufgrund von Absprachen zwischen mehreren Anteilseignern untereinander der Fall ist. Explizit nennt der Gesetzgeber in diesem Zusammenhang Treuhandverhältnisse[26] und Stimmbindungsvereinbarungen[27]. Darüber hinaus existiert eine Vielzahl von Gestaltungen, die zur Kontrolle im geldwäscherechtlichen Sinne führen können. Die Auslegungshinweise des Bundesverwaltungsamts als aufsichtführende Stelle[28] verweisen häufig auf eine Prüfung im Einzelfall; insoweit bleibt Raum für die Diskussion ungeklärter Rechtsfragen.[29]

3. *Fiktiv wirtschaftlich Berechtigte*

Für die Erfüllung der geldwäscherechtlichen Sorgfaltspflichten ist es erforderlich, dass in jedem Fall der wirtschaftlich Berechtigte von dem Vertragspartner identifiziert wird. Folgerichtig muss für jede Vereinigung ein wirtschaftlich Berechtigter existieren. Sofern jedoch die in § 3 Abs. 2 GwG genannten Voraussetzungen nicht erfüllt werden, weil die genannten Schwellenwerte nicht überschritten werden oder keine natürliche Person die Kontrolle über die Vereinigung ausübt, wird hilfsweise der gesetzliche Vertreter (insb. Geschäftsführer und Vorstände bzw. geschäftsführender Gesellschafter) als sog. „fiktiv wirtschaftlich Berechtigter" gemäß § 3 Abs. 2 S. 5 GwG qualifiziert. Die Vollständigkeit des Registers ist damit gewahrt,

---

25 Vgl. hierzu *Bochmann*, in: Festschrift für Ulrich Seibert, 2019, S. 107, 115.

26 RegE, BT.-Drs. 18/11555, S. 129. Hierzu eingehend *Tebben*, ZGR 2020, 430 ff.

27 RegE, BT.-Drs. 18/11555, S. 128.

28 Transparenzregister – Fragen und Antworten zum Geldwäschegesetz, Stand 01.08.2021, abrufbar unter https://www.bva.bund.de/DE/Das-BVA/Aufgaben/T/Transparenzregister/_documents/FAQ_transparenz_kachel.html (zuletzt eingesehen am 13.1.2022).

29 Vgl. etwa *Lüke*, WPg 2021, 518 ff; *Goette*, DStR 2021, 1551, 1552.

seine Funktionalität allerdings in Frage gestellt. Denn der Hinweis auf den im Handelsregister ohnehin verzeichneten gesetzlichen Vertreter liefert für die Verbrechensbekämpfung keinen erkennbaren Mehrwert.

III. Mitteilungsfiktion gemäß § 20 Abs. 2 GwG a.F.

Zur Vereinfachung des Verfahrens und zur Entlastung der Wirtschaft galt bei Einführung des Transparenzregisters die Mitteilungspflicht als erfüllt, wenn sich die Angaben zu dem wirtschaftlich Berechtigten aus einem öffentlichen Register i.S.d. § 20 Abs. 2 GwG a.F. (Handels-, Partnerschafts-, Genossenschafts-, Vereins- oder Unternehmensregister) ergaben (sog. „Mitteilungsfiktion“). Von dem gesetzgeberischen Bestreben getragen, den bürokratischen Aufwand gering zu halten und den Mehraufwand für die Gesellschaften auf das Nötigste zu beschränken, indem redundante Doppelmeldungen vermieden werden,[30] sollte die Mitteilungsfiktion die Regel und nicht die Ausnahme darstellen. Bei Einführung des Transparenzregisters ging der Gesetzgeber selbst davon aus, dass nur circa 2 % aller eingetragenen Aktiengesellschaften, 10 % aller GmbHs und 10 % aller Personenhandelsgesellschaften sowie sämtliche Stiftungen zur Mitteilung verpflichtet waren.[31] Jüngeren Schätzungen zufolge waren circa 15–20 % der mitteilungspflichtigen Einheiten, in absoluten Zahlen circa 400.000 Vereinigungen, zur aktiven Mitteilung verpflichtet, die übrigen Vereinigungen konnten sich auf das Privileg der Mitteilungsfiktion berufen.[32]

In der überwiegenden Zahl der Fälle wird die wirtschaftliche Berechtigung über die Kapitalbeteiligung des jeweiligen Gesellschafters an der Vereinigung vermittelt (§ 3 Abs. 2 S. 1 Nr. 1 GwG). Bei der GmbH als der zahlenmäßig am weitesten verbreiteten Rechtsform in Deutschland ergibt sich die Kapitalbeteiligung aus der Gesellschafterliste gemäß § 40 GmbHG, sodass im Falle der elektronischen Abrufbarkeit der Liste[33] für die meisten GmbHs die Mitteilungsfiktion gemäß §§ 20 Abs. 2, 22 Abs. 1 Nr. 4 GwG eingriff. Dasselbe galt für den fiktiv wirtschaftlich Berechtigen § 3 Abs. 2 S. 5 GwG, sofern kein Anteilseigner einer Vereinigung die in § 3 Abs. 2 GwG genannten Kriterien erfüllte. Dies setzte lediglich voraus, dass der

---

30 RegE, BT-Drs. 18/11555, S. 125, 127 ff.; *Seibert/Bochmann/Cziupka*, GmbHR 2017, 1128.

31 RegE, BT.-Drs. 18/11555, S. 92 f.

32 *Goette*, DStR 2021, 1551.

33 Vgl. zu der Problematik der elektronischen Abrufbarkeit der Liste der Gesellschafter *Schaub*, DStR 2017, 1438, 1440.

Geschäftsführer oder der geschäftsführende Gesellschafter der Vereinigung als solcher im Handelsregister eingetragen war.

Auf die Mitteilungsfiktion konnten sich die Vereinigungen berufen, wenn alle erforderlichen Angaben aus den sonstigen öffentlichen Registern ermittelt werden konnten. Nach dem Regelungsmechanismus der Mitteilungsfiktion waren somit nur solche Gestaltungen dem Transparenzregister aktiv mitzuteilen, die sich nicht aus dem Handelsregister ergeben. Mit Blick auf § 3 Abs. 1, Abs. 2 Nr. 2 und 3 GwG betraf dies insbesondere Abreden, die es einem mittelbar oder unmittelbar beteiligten Gesellschafter oder auch Dritten erlauben, Einfluss auf die Stimmrechte zu nehmen. Solche kontrollvermittelnden Abreden existieren insbesondere in Treuhandvereinbarungen und Stimmbindungsvereinbarungen,[34] aber je nach Einzelfall beispielsweise auch bei (atypisch) stillen Beteiligungen[35] oder Nießbrauch[36]. Diese Form von Abreden werden in der Praxis häufig als eine diskrete Form der Beteiligung an einem Unternehmen gewählt (z.B. bei Unternehmensnachfolgen). Diese Gestaltungsoption hat durch die Publizitätswirkung der Mitteilungspflichten erheblich an Bedeutung verloren.[37]

Die ursprüngliche Intention des Gesetzgebers war es, durch die Mitteilungsfiktion nur solche Unternehmen zum aktiven Handeln zu verpflichten, die neben den im Handelsregister und sonstigen Registern öffentlich zugänglichen Informationen weitere kontrollvermittelnde Abreden getroffen haben. Das Transparenzregister sollte als sog. *Auffangregister* nur solche Informationen enthalten, die nicht schon bereits aus dem Handelsregister oder den übrigen Registern abrufbar waren. Hierdurch sollten redundante Doppelmeldungen zum Transparenzregister vermieden werden. Es ergänzte bislang die ohnehin schon verfügbaren Informationen. Über das Transparenzregister in Zusammenschau mit den sonstigen öffentlichen Registern konnten sämtliche hinterlegte Informationen zum Gesellschafterkreis und zu den gesetzlichen Vertretern abgerufen, ausgewertet und hieraus dann die notwendigen Schlüsse zur Person des wirtschaftlich Berechtigten gezogen werden.

34 RegE, BT.-Drs. 18/11555, S. 129; vgl. *Schaub*, DStR 2017, 1438, 1441; *Schaub*, DStR 2018, 871 ff.; *Tebben*, ZGR 2020, 430 ff.

35 *Blaurock/Pordzik*, NZG 2019, 413; *Lüke*, WPg 2021, 518, 522.

36 *Lüke*, WPg 2021, 518, 523; *Longree/Pesch*, NZG 2017, 1081, 1088.

37 Vgl. *Blaurock/Pordzik*, NZG 2019, 413; *Tebben*, ZGR 2020, 430 ff.; *Teichmann*, ZGR 2020, 450, 451.

IV. Beendigung der Mitteilungsfunktion und Aufwertung zum Volldatenregister

1. Gesetzesänderung durch das TraFinG

Mit Wirkung zum 01.08.2021 hat das sog. Transparenzregister- und Finanzinformationsgesetz (TraFinG)[38] die Mitteilungsfiktion nach § 20 Abs. 2 GwG a.F. beendet. Dieser zunächst „unscheinbare Federstrich"[39] hat massive Folgen für mehr als zwei Millionen Unternehmen in Deutschland[40]. Er vollzieht nicht weniger als einen Paradigmenwechsel. Das Transparenzregister wird von einem Auffangregister zu einem *Volldatenregister* aufgewertet.

Wie gezeigt, war die Identifizierung des wirtschaftlich Berechtigten bislang durch eine Gesamtschau der Angaben im Transparenzregister und der übrigen Register (insb. Handelsregister) möglich. Diese notwendige Gesamtschau verschiedener Informationen beeinträchtigte den praktischen Nutzen jedoch erheblich, da eine Ermittlung des wirtschaftlich Berechtigten nur durch eine eigene rechtliche Würdigung aller Eintragungen möglich war.[41] Vor allem bei mehrstufigen Beteiligungen war die Ermittlung des wirtschaftlich Berechtigten mit einem erheblichen Aufwand verbunden.

Die Aufhebung der Mitteilungsfiktion hat zur Folge, dass künftig *alle* Unternehmen die relevanten Angaben zu den wirtschaftlich Berechtigten dem Transparenzregister mitteilen müssen – auch wenn alle erforderlichen Informationen bereits im Handelsregister oder den übrigen öffentlichen Registern zugänglich sind. Die praktische, wie die digitale Nutzbarkeit soll durch die Umstellung auf ein Volldatenregister erhöht werden, indem das Transparenzregister *„einen quantitativ umfassenden und qualitativ hochwertigen Datenbestand zu den wirtschaftlich Berechtigen aller transparenzpflichtigen Einheiten enthalten"* wird.[42]

---

38 Gesetz zur europäischen Vernetzung der Transparenzregister und zur Umsetzung der Richtlinie (EU) 2019/1153 des Europäischen Parlaments und des Rates vom 20. Juni 2019 zur Nutzung von Finanzinformationen für die Bekämpfung von Geldwäsche, Terrorismusfinanzierung und sonstigen schweren Straftaten (Transparenzregister- und Finanzinformationsgesetz), BGBl. I 2021, S. 2083.

39 *Seibert/Bochmann/Scheller*, GmbHR 2021, R128.

40 Der Regierungsentwurf zum TraFinG BT-Drs. 19/28164 v. 31.03.2021 (RegE TraFinG), S. 33 geht davon aus, dass zukünftig 2,3 Mio. eintragungspflichtige Einheiten betroffen sind.

41 RegE TraFinG, S. 45; vgl. auch *Reuter*, BB 2021, 707, 708.

42 RegE TraFinG, S. 2.

2. *Rechtspraktisch steigende Anforderungen an die Unternehmen*

Zweifel an diesem auf den ersten Blick einleuchtenden Befund kommen jedoch auf, wenn man berücksichtigt, dass die Daten im Handelsregister und den übrigen Registern unter Mitwirkung von Notaren und Registergerichten einer hohen Richtigkeitsgewähr unterliegen.[43] Dagegen sind die transparenzpflichtigen Einheiten zur eigenen Mitteilung an das Transparenzregister auch ohne professionelle Unterstützung berechtigt. In der Praxis hat sich gezeigt, dass selbst in einfach gelagerten Fällen die korrekte Eintragung in das Transparenzregister häufig missglückt. Der mit der Aufhebung der Mitteilungsfiktion gesteigerte administrative Aufwand ist hierbei auch nicht auf eine einmalige Mitteilung beschränkt. Zukünftig ist bei jeder Anteilsübertragung oder bei jedem Geschäftsführer- oder Vorstandswechsel zu prüfen, ob die Informationen im Transparenzregister aktualisiert werden müssen. Der vom Gesetzgeber geschätzte zeitliche Aufwand von 15 Minuten für die erste Eintragung und 5 Minuten für Folgeänderungen[44] dürfte selbst für Personen, die im Umgang mit dem Transparenzregister geschult sind, nur bei äußerst trivialen Fällen realistisch sein.[45]

Daher ist zu befürchten, dass der vom Gesetzgeber selbst prognostizierte Anstieg der Bußgeldverfahren[46] auch auf fehlerhaften bzw. widersprüchlichen Eintragungen basieren wird, die durch einfachen Abgleich mit den Handelsregisterinformationen ermittelt werden. Um ein Bußgeldrisiko zu vermeiden, werden die Unternehmen genau prüfen müssen, ob die Mitteilungspflichten erfüllt wurden. Verschärft wird das Bußgeldrisiko dadurch, dass die Unternehmen die in der Vergangenheit häufiger wechselnden Rechtsauffassungen des Bundesverwaltungsamts beachten müssen. Dies betraf bislang vor allem Unternehmensgruppen mit mehrstufige Beteiligungsebenen, deren Beurteilung gegenwärtig immer noch mit einigen offenen Rechtsfragen verbunden ist.[47]

---

43 Vgl. *Goette*, DStR 2021, 1551, 1553; *Bode/Grätsch*, NZG 2021, 437, 442; *Teichmann*, GmbHR 2021, 1237 ff.

44 RegE TraFinG, S. 34 und S. 72.

45 Ähnlich *Goette*, DStR 2021, 1551, 1552.

46 RegE TraFinG, S. 33.

47 *Lüke*, WPg 2021, 518, 519 f.

3. *Erleichterungen bei der Identifizierung durch geldwäscherechtlich Verpflichtete*

Eine gewisse Erleichterung bringt die Aufwertung zum Volldatenregister für diejenigen, die geldwäscherechtlich verpflichtet sind, die jeweils wirtschaftlich Berechtigten zu identifizieren. Ursprünglich hatte das Gesetz insoweit nur eine Hilfsfunktion des Transparenzregisters vorgesehen: Nach § 11 Abs. 5 S. 2, 4 GwG bestand zwar eine Pflicht zur Einsichtnahme in das Transparenzregister, auf den Inhalt verlassen durfte man sich gleichwohl nicht, sondern war zu weitergehenden Nachforschungen angehalten.

Durch die Aufwertung zu einem Volldatenregister sieht der Gesetzgeber für die Zwecke der geldwäscherechtlichen Identifizierungspflicht eine Erleichterung vor. So wurde eine Regelvermutung in § 12 Abs. 3 S. 3 GwG eingeführt, wonach die geldwäscherechtlich Verpflichteten bei Begründung einer Geschäftsbeziehung durch Einsicht in das Transparenzregister grundsätzlich ihre Identifizierungspflicht erfüllen. Darüberhinausgehende Maßnahmen sind nur bei Zweifeln und erhöhtem Risiko erforderlich.

Dem liegt die Annahme zugrunde, dass mit der Aufwertung des Transparenzregisters von einer zunehmenden Datenqualität auszugehen sei. Worauf der Gesetzgeber diese freudige Erwartung stützt, steht in den Sternen. Denn eine richterliche oder notarielle Kontrolle der anzumeldenden Daten findet – anders als bei den handelsrechtlichen Unternehmensregistern – bei Anmeldungen zum Transparenzregister gerade nicht statt. Die inhaltliche Qualität der Informationen hat durch den Wechsel zum Volldatenregister nicht zugenommen.

V. *Europäische Vernetzung und digitaler Rückstand in Deutschland*

Neben der Optimierung der Nutzbarkeit des Transparenzregisters haben auch rein praktische Gründe den Gesetzgeber zur Umstellung auf ein Volldatenregister bewogen: Da kriminelle Energien und damit auch die Geldwäsche nicht an Landesgrenzen endet, strebt die EU die europäische Vernetzung der europäischen Register aller EU-Mitgliedstaaten an.[48] Hierzu bedarf es zunächst der Schaffung gemeinsamer Grundlagen, die in Deutschland noch nicht existieren. Die in den sonstigen öffentlichen Registern in Deutschland vorhandenen Daten liegen derzeit nicht in elektro-

---

48 RegE TraFinG, S. 29; *Goette*, DStR 2021, 1511, 1552; *Reuter*, BB 2021, 707.

nisch verarbeitbarer Form vor, sodass eine automatische Übertragung in das Transparenzregister technisch nicht möglich ist.

Dies würde zu erheblichen Schwierigkeiten bei der Einrichtung einer europaweiten Plattform führen, über die sämtliche in den nationalen Registern enthaltenen Informationen abrufbar sein sollen. Erforderlich ist ein einheitliches Datenformat (wahrscheinlich xml), welches in dem bislang als Auffangregister strukturierten Transparenzregister nach eigener Einschätzung des Gesetzgebers jedoch nicht vorliegt.[49] Mit dieser Begründung hat der Gesetzgeber Abstand von einer automatischen Vernetzung der Register in Deutschland genommen. Der Gesetzgeber scheint zu diesem Schluss ohne weitergehende Evaluation gekommen zu sein, obwohl eine automatische Vernetzung der öffentlichen Register mit dem Transparenzregister im Laufe des Gesetzgebungsprozesses diskutiert wurde.

Der sog. *once-only*-Ansatz, wonach die Daten aus dem Handels-, Genossenschafts-, Vereins- und Partnerschaftsregister automatisch in das Transparenzregister übertragen werden, wurde insbesondere von der Bundesnotarkammer gefordert.[50] Woran die Umsetzung dieses Ansatzes letztlich scheiterte, kann nur gemutmaßt werden. Vor dem Hintergrund der am 01.08.2021 ablaufenden Umsetzungsfrist der Änderungsrichtlinie zur EU-Geldwäscherichtlinie[51] (vgl. Art. 23) war eine zügige Umsetzung erforderlich. Inhaltliche Gründe, die gegen den once-only-Ansatz sprechen könnten, sind nicht ersichtlich.

Soweit eine Handelsregistereintragung iSd. § 8a Abs. 1 HGB vorliegt, haben die Notare bei der elektronischen Einreichung nach § 12 Abs. 2 S. 1 HGB seit 2007 entsprechende XML-Dateien zu erstellen und dem Handelsregister zu übermitteln (vgl. § 8a Abs. 2 HGB i.V.m. § 2 Abs. 4 S. 1 Nr. 5 bayERVV Ju[52]). Die einem Handelsregisterauszug zugrundeliegenden Daten sind als xml-Dateien somit zur automatischen Weiterverarbeitung geeignet und hätten als Basis für eine automatische Übernahme in das Transparenzregister dienen können – was die automatische Eintragung von Vereinen nach § 20a GwG in das Transparenzregister zeigt.[53]

Unter dem Blickwinkel datentechnischer Verwertbarkeit problematisch ist allerdings die Liste der Gesellschafter einer GmbH nach § 40 GmbHG.

---

49 RegE TraFinG, S. 29.

50 Stellungnahme der Bundesnotarkammer zum TraFinG vom 28.04.2021.

51 Siehe Fn. 13.

52 Bayerische Verordnung über den elektronischen Rechtsverkehr bei den ordentlichen Gerichten (ERVV Ju); in den einzelnen Bundesländern wurden jeweils eigenständige Verordnungen erlassen.

53 *Goette*, DStR 2021, 1551, 1553 f.

Diese stellt keine Eintragung in das Handelsregister dar, sondern wird lediglich in den Registerordner nach § 9 HRV als bildhafte Abbildung aufgenommen. Vor diesem Hintergrund war die Liste der Gesellschafter für die Zwecke der Mitteilungsfiktion nach § 20 Abs. 2 GwG a.F. ausdrücklich als Fiktionsträger nach § 22 Abs. 1 Nr. 4 GwG a.F. aufgelistet. Aufgrund der fehlenden xml-Daten zur Gesellschafterstellung bei einer GmbH besteht daher ein praktisches Hindernis bei der Vernetzung der Register.

Der Lösungsansatz für dieses Problem ist jedoch bereits gesetzlich seit 2017 angelegt: Der Gesetzgeber hat in § 40 Abs. 5 GmbHG eine Verordnungsermächtigung für die Landesministerien vorgesehen, wie die *„in der Gesellschafterliste enthaltenen Angaben in strukturierter maschinenlesbarer Form an das Handelsregister zu übermitteln sind“*.[54] Insoweit hätte die europäische Vernetzung der Register Anlass gegeben, die Liste der Gesellschafter nach § 40 GmbHG zu vereinheitlichen und durch strukturierte Datensätze im Handelsregister abzubilden.

Statt seitens der registerführenden Stelle die technischen Voraussetzungen zu schaffen, setzt der Gesetzgeber zu Lasten der betroffenen Unternehmen darauf, dass die erforderlichen strukturierten Datensätze durch Nachholung der verpflichtenden Mitteilungen an das Transparenzregister zusammenkommen. Kritisch anzumerken ist, dass die europäische Vernetzung bereits im Jahr 2017 angelegt war und der Gesetzgeber untätig geblieben ist, dafür die technischen Voraussetzungen zu schaffen.[55] Die Last wird nunmehr auf die Unternehmen verlagert, die ursprünglich vor dem Aufwand einer erheblichen Anzahl redundanter Mitteilungen geschützt werden sollten.

VI. Übergangsfristen

Der Zeitraum zwischen dem Abschluss des Gesetzgebungsverfahrens mit Ausfertigung des Gesetzes am 25.06.2021 und seinem Inkrafttreten am 01.08.2021 fiel denkbar kurz aus. Gleichzeitig ist anzunehmen, dass etwa ¾ der deutschen Unternehmen durch die Aufhebung der Mitteilungsfiktion einer Nachmeldepflicht unterliegen. Immerhin hat der Gesetzgeber insoweit großzügige Übergangszeiträume vorgesehen, die je nach Rechtsform variieren:

54 *Schaub*, GmbHR 2017, 727, 730.
55 Zur Kritik siehe auch *Bode/Grätsch*, NZG 2021, 437, 441f.

- AG, SE und KGaA bis zum 31.03.2022
- GmbH, Genossenschaft, SCE und Partnerschaft bis zum 30.06.2022
- alle übrigen Rechtsformen bis zum 31.12.2022

C. *Datenschutzrechtliche Defizite*

Der datenschutzrechtliche Aspekt des Transparenzregisters hat in der Diskussion bislang eine nur untergeordnete Rolle gespielt.[56] Dabei hatte der Datenschutzbeauftragte der Europäischen Union am Entwurf der 5. Geldwäscherichtlinie deutliche Kritik geübt und die sehr ernstzunehmende Auffassung vertreten, dass es nicht Aufgabe von Privatpersonen sein könne, die Einhaltung der Rechtsordnung zu überwachen.[57] Dieser und andere Einwände haben im weiteren Gesetzgebungsverfahren keinen erkennbaren Niederschlag gefunden[58]. Die EU-rechtliche Regelung ist daher datenschutzrechtlich einer kritischen Bewertung zu unterziehen.[59]

Informationen über die wirtschaftlich Berechtigten sind im datenschutzrechtlichen Sinne personenbezogene Daten (*unter I.*). Bei der Speicherung, Bearbeitung und Offenlegung derartiger Daten sind bestimmte Verfahrensgarantien zu beachten, die ihre Wurzel in der Europäischen Grundrechtecharta haben und daher auch für den EU-Sekundärgesetzgeber verbindlich sind (*unter II.*). Die datenschutzrechtlichen Bedenken haben sich durch die jüngste Reform des Transparenzregisters nicht etwa erledigt, sondern ganz im Gegenteil weiter verschärft (*unter III.*).

---

56 Eingehendere Analysen finden sich bei *Müller*, ZSTW 2016, 1021 ff. (zur GwRL 2015) sowie *Schenke/Teichmann* (o. Fn. 1), *dies.*, ZIP 2019, 1260 ff. und *Teichmann*, ZGR 2020, 450 ff.

57 *Der Europäische Datenschutzbeauftragte*, Zusammenfassung der Stellungnahme zur Änderung der Richtlinie (EU) 2015/849 und der Richtlinie 2009/101/EG, ABl. EU, 18.3.2017, Nr. C 85/3. Der Volltext der Stellungnahme ist auf der Website des Datenschutzbeauftragten abrufbar (https://edps.europa.eu/sites/edp/files/publication/17-02-02_opinion_aml_en.pdf, zuletzt eingesehen am 13.1.2022). Zur im Text genannten Kritik dort S. 14.

58 Vgl. *Schenke/Teichmann* (o. Fn. 1), S. 50 ff.

59 Eingehend zum Folgenden bereits *Schenke/Teichmann*, ZIP 2019, 1260, 1263 ff. sowie *Teichmann*, ZGR 2020, 450, 454 ff.

I. Offenlegung von personenbezogenen Daten

Die Informationen im Transparenzregister beziehen sich – im Gegensatz zu den üblichen Unternehmensregistern – nicht allein auf das betreffende Unternehmen, sondern stets auf konkret individualisierte natürliche Personen. Dies folgt aus dem Sinn und Zweck der Geldwäscheprävention, für die es stets eine natürliche Person geben muss, die als „wirtschaftlich Berechtigter" anzusehen und offenzulegen ist. Über diese Person finden sich im Transparenzregister folgende Angaben (§ 19 Abs. 1 GwG): Vor- und Nachname, Geburtsdatum, Wohnort, Art und Umfang des wirtschaftlichen Interesses und alle Staatsangehörigkeiten derjenigen natürlichen Person, die als wirtschaftlich Berechtigter anzusehen ist. Diese Daten erfüllen datenschutzrechtlich zweifellos die Qualifikation als „personenbezogene Daten".[60]

Die Erhebung dieser Daten lässt sich mit den Zielen der Bekämpfung von Geldwäsche und Terrorismusfinanzierung sicherlich rechtfertigen.[61] Ungeachtet dessen unterliegt der weitere Gebrauch der Daten den Anforderungen des Datenschutzrechts. Hier begegnet insbesondere die Freigabe der Daten für jedermann erheblichen Bedenken. Die GwRL 2015 hatte den Kreis der Nutzer des Transparenzregisters noch in vertretbarer Weise begrenzt, wenngleich die Öffnung gegenüber Fachjournalisten und Nichtregierungsorganisationen bereits recht weit erscheint. Denn immerhin gilt es zu bedenken, dass den betroffenen Personen keinerlei Fehlverhalten vorzuwerfen ist. Man steht nicht im Transparenzregister, weil man sich in einer Straftat verdächtig gemacht hat, sondern allein deshalb, weil man mit einer Quote von mehr als 25 % an einem Unternehmen beteiligt ist.

Zugunsten von Fachjournalisten und Nichtregierungsorganisationen mag man unterstellen, dass diese gemäß ihrer rechtlichen Bindungen und ethischen Standards die Daten tatsächlich nur zu dem vorgesehenen Zweck verwenden, nämlich zur Aufklärung von Straftaten. Bei einer Offenlegung gegenüber der Allgemeinheit fehlt hingegen jedes Korrektiv. Die von der GwR 2018 vorgesehene Öffnung stellt mithin eine erhebliche Verschärfung des datenschutzrechtlichen Eingriffes dar. Man hätte zumindest erwartet, dass dieser Verschärfung eine Evaluierung der GwR 2015 vorangegangen wäre. Diese hätte möglicherweise ergeben, dass das Transparenzregister bei der zunächst bestehenden Begrenzung des Nutzer-

---

60 Vgl. *Müller*, ZSTW 2016, 1021, 1060 sowie *Schenke/Teichmann*, Publizitätspflichten von Familienunternehmen, 2018, S. 79.

61 *Müller*, ZSWT 2016, 1021, 1061 f.; *Schenke/Teichmann*, ZIP 2019, 1260, 1264.

kreises seine Funktion nicht hat erfüllen können. Eine solche Evaluierung fand jedoch nicht statt.[62] Sie war schon deshalb nicht möglich, weil die Verabschiedung der 5. Geldwäscherichtlinie zu einem Zeitpunkt angestoßen wurde, zu dem die 4. Geldwäscherichtlinie noch gar nicht in allen Mitgliedstaaten umgesetzt war.

II. Datenschutzrechtliche Bindung des EU-Sekundärgesetzgebers

Da die nationale Regelung des GwG auf der Umsetzung einer EU-Richtlinie beruht, ist letztlich danach zu fragen, ob diese Richtlinie mit höherrangigem Recht vereinbar ist. Das europäische Datenschutzrecht findet seine Grundlage in der Grundrechtecharta (GRCh).[63] Artikel 7 GRCh schützt das Privat- und Familienleben, die Wohnung und die Kommunikation; Artikel 8 GRCh gewährleistet das Recht auf den Schutz personenbezogener Daten. Der Europäische Gerichtshof prüft beide Vorschriften im Sinne eines einheitlichen Grundrechtes zumeist parallel.[64]

Der Europäische Gerichtshof hat die datenschutzrechtlichen Standards zunehmend ausgebaut.[65] Als für die vorliegende Fragestellung relevant sind insbesondere seine Entscheidungen zur Vorratsdatenspeicherung hervorzuheben.[66] In der Richtlinie zur Vorratsdatenspeicherung (RL 2006/24 EG) sah der Gerichtshof einen Verstoß gegen höherrangiges Recht, weil sie den datenschutzrechtlichen Anforderungen nicht genügte. Auch die Vorratsdatenspeicherung dient der Kriminalitätsbekämpfung und verfolgt daher im Grundsatz ein legitimes Ziel. Gerügt wurde vom Gerichtshof allerdings die Anlasslosigkeit der Datenerhebung; erfasst wurden nämlich auch die Daten von Personen, bei denen keinerlei Anhaltspunkte für ein strafbare Verhalten vorlagen.[67] Zudem fehlten behördliche oder gerichtliche Kontrollmechanismen, die hätten sicherstellen können, dass die Datennutzung auf das zur Zielverfolgung notwendige Maß beschränkt

---

62 Hierzu bereits kritisch *Schenke/Teichmann* (o. Fn. 1), S. 102.

63 Vgl. *Schenke/Teichmann*, ZIP 2019, 1260, 1264.

64 Vgl. EuGH, Urt. v. 8.4.2014, C-293/12, C-594/12, ECLI:EU:C:2014:238 (Rn. 29, 37) – Digital Rights Ireland Ltd.

65 Eingehend zu dieser Entwicklung *Schenke/Teichmann*, Publizitätspflichten (o. Fn. 1), S. 88 ff., zusammenfassend *dies.*, ZIP 2019, 1260, 1265.

66 EuGH, Urt. v. v. 8.4.2014, C-293/12, C-594/12, ECLI:EU:C:2014:238 – Digital Rights Ireland Ltd.

67 EuGH, Urt. v. v. 8.4.2014, C-293/12, C-594/12, ECLI:EU:C:2014:238 (Rn. 59) – Digital Rights Ireland Ltd.

bliebe.[68] Artikel 8 GRCh verlange weiterhin Verfahrensgarantien, um die Daten wirksam gegen unberechtigten Zugang und unberechtigte Nutzung zu schützen.[69]

III. Eingriff in den Schutz personenbezogener Daten

Legt man die Maßstäbe zugrunde, die der Europäische Gerichtshof zur Vorratsdatenspeicherung entwickelt hat, dürfte auch die Regelung des Transparenzregisters gegen höherrangiges Recht verstoßen. Denn auch hier werden die personenbezogenen Daten anlasslos erhoben, also ohne jeden Anhaltspunkt, dass die betroffenen Personen mit einer strafbaren Handlung in Verbindung zu bringen sind. Die Daten werden anschließend gegenüber jedermann offengelegt. Kontrollmechanismen, die eine legitime und zweckbezogene Nutzung der Daten sicherstellen würden, fehlen vollständig.

Es mag in der Öffentlichkeit nicht immer Sympathie dafür herrschen, dass vermögende Personen ihre Daten vertraulich behandelt sehen wollen. Indessen ist das Bedürfnis nach Diskretion, insbesondere in Familienunternehmen, von durchaus legitimen Interessen getragen, die keinen Bezug zu Geldwäsche oder Terrorismusfinanzierung aufweisen.[70] Das gilt besonders für Familienmitglieder, die sich nicht am operativen Geschäft beteiligen und daher nicht schon aus diesem Grunde im Lichte der Öffentlichkeit stehen. Die soziale Interaktion verändert sich zweifellos, wenn jedermann weiß, dass eine Person überdurchschnittlich vermögend ist.[71] Hinzu kommt die keineswegs aus der Luft gegriffene Sorge, Opfer eines Vermögensdelikts zu werden.

Das Bestreben der Europäischen Union, das Transparenzregister zu einem europaweit vernetzten Informationssystem auszubauen, führt in praktischer Hinsicht zu einer Verschärfung des Problems. Bislang konnte

---

68 EuGH, Urt. v. v. 8.4.2014, C-293/12, C-594/12, ECLI:EU:C:2014:238 (Rn. 52) – Digital Rights Ireland Ltd.

69 EuGH, Urt. v. v. 8.4.2014, C-293/12, C-594/12, ECLI:EU:C:2014:238 (Rn. 66) – Digital Rights Ireland Ltd.

70 Siehe die Zusammenstellung bei *Tebben,* ZGR 2020, 430, 435 f.

71 Anekdotische Evidenz liefert der Bericht einer Studentin, deren Freund es nach Offenlegung der Vermögensverhältnisse für selbstverständlich hielt, von ihr zum Essen eingeladen werden. Seither folgt sie der Devise: „Mit meinen Freunden rede ich über alles. Nur nicht über meinen Kontostand.“ (https://www.bento.de/gefuehle/jung-und-reich-wie-es-wirklich-ist-viel-geld-zu-besitzen-a-c1347bc3-2e59-437e-8c90-6a94c004528f, zuletzt eingesehen am 13.1.2022).

man sich als betroffene Person noch damit beruhigen, dass eine umfassende Auswertung des Registers aus technischen Gründen erschwert war. Eine personenbezogene Suche erlaubt die bisherige Art der Speicherung nicht.[72] Aus diesem Grunde wird das bisherige Transparenzregister nicht ganz zu Unrecht als „Datenmüllhalde“ kritisiert.[73] Eine effektivere Suchfunktion wäre im Sinne der Verbrechensbekämpfung wünschenswert. Gleichzeitig sollte diese Suche aber nur professionellen Akteuren ermöglicht werden und nicht jedermann.

Je mehr die EU einerseits auf Vernetzung und Erleichterung der Recherche setzt und andererseits diesen Datenpool jedermann zur Verfügung stellt, umso größer wird das Bedrohungspotenzial für vermögende Privatpersonen. Denn die vermögende Stellung lässt sich aus einer Zusammenschau verschiedener Quellen unschwer erschließen. Das im Transparenzregister offengelegte Beteiligungsverhältnis muss lediglich zu den wirtschaftlichen Angaben in Bezug gesetzt werden, die das betreffende Unternehmen im Handelsregister offenlegen muss.[74] Je „benutzerfreundlicher“ das Register technisch gestaltet ist, desto größer ist die Wahrscheinlichkeit, dass unbeteiligte Dritte die Daten für ihre Zwecke missbrauchen. Das Anwendungsfeld reicht von der üblen Nachrede unter Nachbarn bis hin zur Planung von Vermögensdelikten.

IV. Fehlende Verfahrensgarantien

Insgesamt legt damit die Zusammenschau der einzelnen Regelungsaspekte einen Verstoß der EU-Geldwäscherichtlinie gegen die Verfahrensgarantien der Grundrechtecharta nahe. Die Schwere des Eingriffs leitet sich daraus ab, dass alle Personen, die eine nennenswerte Beteiligung an einem Unternehmen haben, offenlegungspflichtig sind. Allein in Deutschland dürfte dies 2 bis 3 Millionen Unternehmen betreffen.[75] Die Datenerhebung erfolgt anlasslos, ohne dass sich irgendeines dieser Unternehmen etwas hätte zuschulden kommen lassen. Die Daten werden auch nicht allein zur Nutzung durch die zuständigen Behörden erhoben (so verhielt es sich bei der

---

72 Vgl. *Schenke/Teichmann* (o. Fn. 1), S. 26.

73 Lisa Paus (Bündnis 90/Die Grünen) in einer Rede vor dem Deutschen Bundestag vom 14.4.2021. Vgl. www.gruene-bundestag.de/parlament/bundestagsreden/transparenzregister-und-finanzinformationen (zuletzt eingesehen am 13.1.2022).

74 Dazu bereits oben A. I.

75 Der Regierungsentwurf zum TraFinG BT-Drs. 19/28164 v. 31.03.2021 (RegE TraFinG), S. 33 geht von 2,3 Mio. eintragungspflichtigen Einheiten aus.

vom EuGH verworfenen Vorratsspeicherung), sie stehen vielmehr jedermann zum beliebigen Gebrauch zur Verfügung. Die datenschutzrechtlich gebotene Zweckbindung entfällt damit bzw. sie lässt sich rechtspraktisch nicht durchsetzen.[76]

Gemäß der Vorgaben des EuGH haben sich Eingriffe in das Recht auf Datenschutz auf das „absolut Notwendige" zu beschränken.[77] Das Unionsrecht muss ausreichende Garantien vorsehen, die einen wirksamen Schutz der personenbezogenen Daten vor Missbrauch und unberechtigter Nutzung ermöglichen.[78] All dies sucht man in der Geldwäscherichtlinie vergeblich. Der EU-Gesetzgeber hat die Erfahrungen aus der 4. Geldwäscherichtlinie, die den Zugang auf diejenigen beschränkte, die ein berechtigtes Interesse vorweisen können, nicht ausgewertet, ja nicht einmal deren Umsetzung abgewartet. Stattdessen wurde kurz darauf mit der 5. Geldwäscherichtlinie die Öffnung für jedermann beschlossen. Damit geht die Europäische Union deutlich über das hinaus, was international gefordert wird. Die *Financial Action Task Force* hält zwar eine präventive Datensammlung für geboten, fordert jedoch keine umfassende Offenlegung dieser Daten.[79] Eine effektive Nutzung durch die Strafverfolgungsbehörden wäre vollkommen ausreichend. Bekanntlich scheitert Deutschland bei der Bekämpfung von Geldwäschedelikten nicht am mangelnden Einsatz der Zivilgesellschaft, sondern vor allem daran, dass sich die zuständige Behörde als unfähig erweist, die zahlreichen eingehenden Verdachtsmeldungen effektiv abzuarbeiten.[80]

Den durchaus berechtigten Sorgen vermögende Privatpersonen angesichts einer ungeschützten Offenlegung ihrer Vermögensverhältnisse wird die EU-Regelung nicht gerecht.[81] Art. 30 Abs. 9 GwRL 2018 gestattet den Mitgliedstaaten zwar, im Einzelfall eine Ausnahme von dem vollständigen oder teilweisen Zugang zu den Informationen machen. Dafür müssen al-

---

76 Zur datenschutzrechtlichen Zweckbindung bereits *Müller*, ZSTW 2016, 1021, 1049.

77 EuGH, Urt. v. v. 8.4.2014, C-293/12, C-594/12, ECLI:EU:C:2014:238 (Rn. 29, 52) – Digital Rights Ireland Ltd.

78 EuGH, Urt. v. v. 8.4.2014, C-293/12, C-594/12, ECLI:EU:C:2014:238 (Rn. 29, 54) – Digital Rights Ireland Ltd.

79 *Müller*, ZStW 2016, 1021, 1067 ff.

80 So war die Financial Action Taskforce 2010 kurz davor, Deutschland auf die sog. schwarze Liste zu setzen. Die aktuell anstehende Prüfung der Fortschritte, die Deutschland seitdem in der Geldwäsche-Bekämpfung gemacht hat, dürfte nach weithin geteilter Einschätzung wenig schmeichelhaft ausfallen (vgl. „Deutschland, ein Paradies für Geldwäscher", in DER SPIEGEL 35/2021).

81 Siehe bereits *Schenke/Teichmann*, ZIP 2019, 1260, 1268 f.

lerdings außergewöhnliche Umstände vorliegen, unter denen der wirtschaftliche Eigentümer einem unverhältnismäßigen Risiko von Betrug, Entführung Erpressung, Schutzgelderpressung, Schikane, Gewalt oder Einschüchterung ausgesetzt würde. Eine weitere Ausnahme gilt für Fälle, in denen der wirtschaftliche Eigentümer minderjährig oder anderweitig geschäftsunfähig ist. Diese Schutzklausel ist schon deshalb zur Wirkungslosigkeit verdammt, weil sie das Vorliegen konkreter Umstände im Einzelfall verlangt. Wer bereits kriminell bedroht wird, für den kommt die Sperrung der Daten im Transparenzregister deutlich zu spät. Ohnehin vermag eine bloße Mitgliedstaatenoption als europäische Vorgabe nicht auszureichen. Der EU-Gesetzgeber muss selbst datenschutzrechtliche Maßstäbe setzen und diese den Mitgliedstaaten zwingend auferlegen.[82]

D. Zusammenfassung in Thesenform

1. Das Transparenzregister verfolgt mit seinen Angaben zu den „wirtschaftlich Berechtigten" das Ziel der Vorbeugung und effektiven Verfolgung von Delikten der Geldwäsche und der Terrorismusfinanzierung. Dieses Regelungsziel unterscheidet das Transparenzregister deutlich von anderen Unternehmensregistern, deren Offenlegungspflichten als Korrelat der Marktteilnahme anzusehen sind.
2. Durch die Aufhebung der Mitteilungsfiktion nach § 20 Abs. 2 GwG a.F. und die damit verbundene Aufwertung des Transparenzregisters von einem Auffangdatenregister in ein Volldatenregister hat der Gesetzgeber einen Paradigmenwechsel vollzogen. Das Transparenzregister wird dadurch aussagekräftiger, was im Sinne einer effektiven Verbrechensbekämpfung zu begrüßen ist. Für eine effiziente Recherche der Vermögensverhältnisse von Privatpersonen sollten allerdings die zuständigen Behörden zuständig sein und nicht die allgemeine Öffentlichkeit. Die stattdessen vollzogene Öffnung des Transparenzregisters für eine Einsichtnahme durch jedermann ist daher datenschutzrechtlich höchst bedenklich.
3. Für die Unternehmen besteht angesichts des Wechsels zum Volldatenregister erheblicher Handlungsbedarf. Selbst wenn ein tatsächlich wirtschaftlich Berechtigter nicht existiert, da kein Gesellschafter eine größere Beteiligung als 25 % an dem Unternehmen innehat oder sonstige Kontrolle ausübt, ist der gesetzliche Vertreter als fiktiv wirtschaftlich

82 Dazu eingehender *Schenke/Teichmann* (o. Fn. 1), S. 99.

Berechtigter in das Transparenzregister einzutragen. Auch bei zukünftigen Veränderungen in der Gesellschafterstruktur oder der Geschäftsleitung ist stets zu prüfen, ob eine Aktualisierung im Transparenzregister erforderlich ist. Von dem ursprünglichen Ziel der Bürokratievermeidung ist der Gesetzgeber damit weit abgerückt – durch die doppelte Registerführung entsteht für die Unternehmen nicht nur ein erheblicher administrativer Aufwand, sondern auch die latente Gefahr von widersprüchlichen Eintragungen. All dies wäre entbehrlich, wenn Deutschland über eine digitale Infrastruktur verfügte, die einen Austausch der Daten ermöglichte, die bereits andernorts hinterlegt sind.

4. Die in der EU geltenden datenschutzrechtlichen Maßstäbe finden ihre Wurzel in der Europäischen Grundrechtecharta. Diese ist auch für den EU-Sekundärgesetzgeber verbindlich. Der Europäische Gerichtshof hat dies anhand der Richtlinie zur Vorratsdatenspeicherung klargestellt, die gegen höherrangiges Recht verstieß, weil die Erhebung der Daten nicht auf das absolut erforderliche Maß eingegrenzt wurde und ausreichende Verfahrensgarantieren zus Sicherstellung der datenschutzrechtlichen Zweckbindung fehlten. Legt man diese Maßstäbe an das Transparenzregister an, so ergibt sich auch hier ein Verstoß gegen höherrangiges Recht. Die Offenlegung gegenüber jedermann geht über das absolut notwendige Maß hinaus und lässt effektive Verfahrensgarantien vermissen, die einem Missbrauch der Daten begegnen könnten.

Die RL 2019/790 über das Urheberrecht im digitalen Binnenmarkt und ihre Auswirkungen auf kleine und mittlere Unternehmen[1]

Achim Förster

A. *Einführung*

Am 06.06.2019 ist die Richtlinie (EU) Nr. 2019/790 über das Urheberrecht und die verwandten Schutzrechte im digitalen Binnenmarkt (DSM-RL)[2] in Kraft getreten. Der Beitrag gibt einen Überblick über die Hintergründe der Richtlinie (B) und skizziert die in ihr enthaltenen Kernregelungen sowie den Umsetzungsstand in der Bundesrepublik Deutschland (C.I). Als ausgewählte Richtlinieninhalte werden im Anschluss die im neu geschaffenen Urheberrechts-Diensteanbieter-Gesetz (UrhDaG) enthaltenen Vorgaben zur Plattformhaftung (C.II) sowie die neu in das Urheberrechtsgesetz aufgenommene Schranke für Karikatur, Parodie und Pastiche (C.III) vorgestellt. Dabei soll – soweit zum jetzigen Zeitpunkt bereits absehbar – auch auf Implikationen für die Praxis eingegangen werden. Ein besonderer Fokus liegt dabei auf den Auswirkungen auf wirtschaftlich schwächere Unternehmen.

B. *Die Richtlinie 2019/790 über das Urheberrecht im digitalen Binnenmarkt – Hintergrund und Kontroversen*

Seit mehreren Jahren gehört es zum erklärten Ziel der Europäischen Union, einen vernetzten und digitalen Europäischen Binnenmarkt zu

1 Erweiterte und aktualisierte Fassung des Vortrags vom 21.11.2020, die auch die mittlerweile erfolgte Richtlinienumsetzung durch das Gesetz zur Anpassung des Urheberrechts an die Erfordernisse des digitalen Binnenmarktes vom 31.05.2021 (BGBl. I S. 1204) berücksichtigt. Ausschließlich zur besseren Lesbarkeit wird in diesem Beitrag das generische Maskulinum verwendet. Dabei sind alle Geschlechteridentitäten mitgemeint. Alle in dem Beitrag enthaltenen Internet-Links sind auf dem Stand vom 02.08.2021.

2 ABl. L 130 v. 17.05.2019, S. 92.

schaffen. Als eine der hierfür erforderlichen zentralen Maßnahmen sieht die Kommission die Modernisierung und Europäisierung des durch eine nach wie vor starke nationale Zersplitterung geprägten Urheberrechts an.[3] Der große Wurf in Form einer vollständigen Angleichung der nationalen Regelungen unter einer einheitlichen EU-Urheberrechts-Gerichtsbarkeit zeichnet sich dabei nach wie vor – bedauerlicherweise – nur als langfristiges Ziel ab[4]; stattdessen verfolgt die Kommission eine Modernisierung und Ergänzung der mittlerweile in die Jahre gekommenen maßgeblichen Richtlinien zur Harmonisierung des Urheberrechts, insbesondere der InfoSoc-RL (2001/29/EG)[5], und eröffnete zu diesem Zweck im Jahr 2016 mit dem Vorschlag für eine Richtlinie zum Urheberrecht im digitalen Binnenmarkt[6] eine in der Folge überaus kontrovers geführte Debatte über die nächsten Schritte der EU-Urheberrechtsreform.

Als zentrale Streitpunkte bei der weitergehenden Harmonisierung des Urheberrechts zeichneten sich in der Folge die europaweite Einführung eines Leistungsschutzrechts für Presseverleger sowie die mit dem Stichwort „Uploadfilter“ versehenen Vorgaben zur Plattformhaftung ab und führten zu einem Rechtssetzungsverfahren mit zahlreichen Höhen und Tiefen. Nachdem im Juli 2018 das EU-Parlament zunächst den Vorschlag des Rechtsausschusses abgelehnt und damit den weiteren Fortgang des Rechtssetzungsverfahrens ins Stocken gebracht hatte[7], nahm das Parlament am 12.09.2018 schließlich eine abgeänderte Version des Richtlinienvorschlags an[8] und ermöglichte damit Trilogverhandlungen mit dem Rat und der Kommission, die am 26.03.2019 und 15.04.2019 zur Annahme der DSM-RL durch das Parlament und den Rat sowie schließlich am 17.05.2019 zur Veröffentlichung im Amtsblatt der Europäischen Union[9] führten.

Begleitet wurde das Rechtssetzungsverfahren von einer in Urheberrechtsangelegenheiten nie dagewesenen Welle öffentlicher Stellungnahmen und Proteste, die in publikumswirksamen Maßnahmen wie dem ein-

3 Strategie für einen digitalen Binnenmarkt für Europa, Mitteilung der Kommission vom 06.05.2015, KOM(2015) 192 final, Punkt 2.4; hierzu Stieper GRUR 2015, 1145.

4 Siehe hierzu ausführlich Schack, ZGE 2009, 275.

5 Schritte zu einem modernen, europäischeren Urheberrecht, Mitteilung der Kommission vom 09.12.2015, KOM(2015) 626 final, S. 14.

6 KOM(2016) 593 final.

7 Pressemitteilung des EU-Parlaments vom 05.07.2018, REF: 20180628IPR06809.

8 P8_TA(2018)0337.

9 ABl. L 130 v. 17.05.2019, S. 92.

tägigen „Blackout" der deutschen Wikipedia[10] oder in Demonstrationen mit zehntausenden Teilnehmern[11] gipfelten. Die – später wieder zurückgezogene – Pressemitteilung der EU-Kommission vom 14.02.2019, in der die Gegner der Urheberrechtsreform als „Mob" bezeichnet wurden[12], ist dabei nicht nur eine kuriose Randnotiz, sondern prägnantes Beispiel für die hitzige Stimmung in der Schlussphase der Reform. Zwar vermochten die Proteste die Verabschiedung der Richtlinie nicht mehr zu verhindern, sie führten aber dazu, dass die Bundesrepublik ihre Zustimmung im Ministerrat mit einer Protokollerklärung versah, in der u.a. in Aussicht gestellt wurde, bei der Umsetzung der Plattformhaftung alle Mechanismen und Modelle zu prüfen; sollten sich dabei unionsrechtliche Hindernisse ergeben, würde die Bundesregierung auf eine Korrektur etwaiger Defizite im EU-Recht hinwirken.[13]

C. *Ausgewählte Richtlinieninhalte und ihre Umsetzung in das deutsche Recht*

Von den 2021 in das deutsche Recht umgesetzten Inhalten der DSM-Richtlinie (I) werden im Folgenden die im UrhDaG vorgesehene Plattformhaftung (II) sowie die mit § 51a UrhG n.F. geschaffene Urheberrechtsschranke für Karikatur, Parodie und Pastiche (III) vorgestellt und ihre Auswirkungen auf Rechtsanwender, vor allem aus dem Bereich kleiner und mittlerer Unternehmen, untersucht.

I. *Kerninhalte der DSM-RL und Umsetzungsstand*

Die DSM-RL wurde gemeinsam mit der Online-SatCab-RL 2019/789 v. 17. April 2019[14] durch das Gesetz zur Anpassung des Urheberrechts an die

---

10 Siehe hierzu die Stellungnahme von Wikimedia Deutschland vom 19.03.2019, https://blog.wikimedia.de/2019/03/19/24-stunden-ohne-freies-wissen-warum-die-wikipedia-freiwilligen-protestieren/.

11 Siehe hierzu beispielsweise den Bericht auf heise online vom 23.03.2019, https://www.heise.de/newsticker/meldung/Teilnehmerzahlen-Zehntausende-gegen-Urheberrechtsreform-auf-der-Strasse-4347215.html.

12 „The Copyright Directive: how the mob was told to save the dragon and slay the knight", Pressemitteilung der EU-Kommission vom 14.02.2019.

13 Erklärung der Bundesrepublik Deutschland zur Richtlinie über das Urheberrecht und verwandte Schutzrechte im Digitalen Binnenmarkt, insbesondere zu Artikel 17 der Richtlinie, 15.04.2019.

14 ABl. L 130 v. 17.05.2019, S. 82.

Erfordernisse des digitalen Binnenmarktes vom 31.05.2021[15] umgesetzt. Dem Gesetz vorausgegangen waren zwei Diskussionsentwürfe[16], ein Referentenentwurf vom 02.09.2020[17] sowie der schließlich mit kleineren Veränderungen angenommen Regierungsentwurf vom 03.02.2021[18]. Die Kerninhalte der DSM-RL werden dabei im Wesentlichen wie folgt umgesetzt[19]:

- Harmonisierung der Schrankenbestimmungen für Text und Data Mining (Art. 3 f. DSM-RL) durch Anpassung von § 60d UrhG und Einführung einer allgemeinen Schranke für Text und Data Mining in § 44b UrhG
- Änderungen im Urhebervertragsrecht (Art. 18 ff. DSM-RL) durch Modifikation der §§ 32 ff. UrhG
- Werknutzung für digitale und grenzüberschreitende Unterrichts- und Lehrtätigkeiten (Art. 5 DSM-RL) durch Entfristung der 2018 eingeführten Schrankenbestimmungen für Unterricht und Lehre (§ 142 Abs. 2 UrhG) sowie durch Modifikation von § 60a UrhG
- Einführung der in der DSM-RL optional vorgesehenen kollektiven Lizenzen mit erweiterter Wirkung (Art. 12 DSM-RL) durch Neufassung von §§ 51 ff. VGG und durch Einführung einer subsidiären flankierenden Schrankenvorschrift für nicht verfügbare Werke in § 61d UrhG
- Begrenzung des Schutzumfangs bei Abbildungen gemeinfreier visueller Werke (Art. 14 DSM-RL) durch Neufassung von § 68 UrhG
- (Erneute) Einführung eines Leistungsschutzrechts für Presseverleger (Art. 15 DSM-RL) durch Neufassung der aktuell nicht anwendbaren[20] §§ 87f ff. UrhG
- Umsetzung der Vorgaben zur Plattformhaftung (Art. 17 DSM-RL) durch Einführung eines Urheberrechts-Diensteanbieter-Gesetzes

---

15 BGBl. I S. 1204.

16 Diskussionsentwurf vom 15.01.2020 (https://www.bmjv.de/SharedDocs/Gesetzgebungsverfahren/DE/Gesetz_I_Anpassung-Urheberrecht-dig-Binnenmarkt.html); Diskussionsentwurf II vom 24.06.2020 (https://www.bmjv.de/SharedDocs/Gesetzgebungsverfahren/DE/Gesetz_II_Anpassung-Urheberrecht-dig-Binnenmarkt.html).

17 https://www.bmjv.de/SharedDocs/Gesetzgebungsverfahren/Dokumente/RefE_Urheberrecht.pdf.

18 BT-Drucks. 19/27426 sowie Beschlussempfehlung und Bericht des Rechtsausschusses vom 19.05.2021 (BT-Drucks. 19/29894).

19 Überblick zu den Inhalten der DSM-RL bei Dreier, GRUR 2019, 771; umfassend zur Umsetzung F. Hofmann, GRUR 2021, 895.

20 EuGH, Urt. v. 12.09.2019, Rs. C-299/17, ECLI:EU:C:2019:716, GRUR 2019, 1188 – VG Media/Google.

(UrhDaG) sowie durch Schaffung einer Urheberrechtsschranke für Karikatur, Parodie und Pastiche in § 51a UrhG
- Harmonisierung des Urhebervertragsrechts (Art. 18 ff. DSM-RL) durch Modifikation der §§ 32 ff. UrhG

Mit Ausnahme der erst am 01.08.2021 in Kraft getretenen Vorgaben zur Plattformhaftung durch das UrhDaG, erfolgte die Richtlinienumsetzung im Wesentlichen rechtzeitig zum Ablauf der Frist am 07.06.2021.[21] Die Bundesrepublik Deutschland gehört damit zu den wenigen Mitgliedstaaten, gegen die die EU-Kommission im Juli 2021 wegen nicht oder nicht ausreichender Richtlinienumsetzung keine Schritte wegen möglicher Vertragsverletzung eingeleitet hat.[22]

II. Plattformhaftung (UrhDaG)

1. Grundstruktur, unionsrechtliche Vorgaben und Zielkonflikte

Im Ansatz folgen die Vorgaben zur Plattformhaftung einer simplen Logik: Diensteanbieter, deren hauptsächlicher Geschäftszweck darin besteht, von Nutzern hochgeladene (urheberrechtlich geschützte) Inhalte im Internet zum Abruf bereit zu halten, sollen für die von den Nutzern begangenen Urheberrechtsverletzungen stärker in die Pflicht genommen werden und Anreize für den Erwerb von Nutzungsrechten an den dargestellten Inhalten erhalten.[23] Zu diesem Zweck sieht Art. 17 Abs. 1 DSM-RL vor, dass die Bereitstellung der von den Nutzern hochgeladenen Inhalte unmittelbar und ohne weitere Voraussetzungen als urheberrechtliche Verwertungshandlung in Form einer öffentlichen Wiedergabe anzusehen ist und dass die Diensteanbieter daher von den Rechtsinhabern Erlaubnisse einzuholen haben, die sich kraft Gesetz auch auf die Nutzer erstrecken, sofern diese nicht gewerblich handeln oder mit ihrer Tätigkeit keine erheblichen Einnahmen erzielen (Art. 17 Abs. 2 DSM-RL).

---

21 Art. 5 Gesetz zur Anpassung des Urheberrechts an die Erfordernisse des digitalen Binnenmarktes (BGBl. I S. 1204); Art. 29 Abs. 1 S. 1 DSM-RL.

22 Europäische Kommission, Daily News 26 / 07 / 2021, https://ec.europa.eu/commission/presscorner/detail/de/mex_21_3902.

23 Vgl. ErwGr. 61 DSM-RL; siehe auch Holznagel, ZUM 2020, 1, 2; F. Hofmann, NJW 2021, 1905 Rn. 6; zu den Marktmechanismen bei der Lizenzierung von Inhalten auf Plattformen und zur Störerhaftung als „prozeduralisierte Property Rule“ ders., GRUR 2018, 21, 28 f.; ders., GRUR 2019, 1219, 1223 f.

Im Vergleich zur bisherigen Rechtslage, wonach eine öffentliche Wiedergabe durch Plattformbetreiber nach der Rechtsprechung des EuGH nur unter engen Voraussetzungen in Betracht kam[24] und im deutschen Recht die Verantwortlichkeit überwiegend auf Grundlage der Figur der Störerhaftung und der damit verbundenen Verkehrspflichten erfasst wurde[25], sieht die DSM-RL folglich eine deutliche Haftungsverschärfung vor, die in zweierlei Hinsicht einer Einschränkung bedarf: Erstens können Plattformen schon aufgrund der schieren Masse des bei Ihnen täglich hochgeladenen Materials[26] nicht im Detail überprüfen, ob die zur Verfügung gestellten Inhalte Urheberrechtsverletzungen darstellen oder nicht. Für die Diensteanbieter muss daher die Möglichkeit bestehen, sich unter bestimmten Voraussetzungen wieder aus der Haftung zu befreien. Zu diesem Zweck sieht Art. 17 Abs. 4 DSM-RL drei kumulative Voraussetzungen für eine Enthaftung vor, die gem. Art. 17 Abs. 5 DSM-RL unter einem Verhältnismäßigkeitsvorbehalt stehen. Zweitens muss ein angemessener Ausgleich mit den Interessen der Nutzer herbeigeführt und dabei unter anderem sichergestellt werden, dass Nutzungshandlungen auf Grundlage von Urheberrechtsschranken (z.B. im Fall von Zitaten oder zum Zweck der Parodie) weiterhin möglich sind. Dies soll durch Art. 17 Abs. 7 DSM-RL sowie durch ein wirksames Beschwerde- und Rechtsbehelfsverfahren (Art. 17 Abs. 9 DSM-RL) gewährleistet werden.

Die Plattformhaftung bewegt sich damit in einem Dreiecksverhältnis aus jeweils grundrechtlich geschützten Interessen. Sie betrifft die Diensteanbieter in der Eigentums- und Berufsfreiheit (Art. 15, 16, 17 GRCh), die Rechteinhaber in ihrer Eigentumsfreiheit und ggfs. ihrem Persönlichkeitsrecht (Art. 7, 17 GRCh) sowie die Nutzer in ihrer Informations- und (vor allem bei der Erstellung nutzergenerierter Inhalte) in der Meinungs- und Kunstfreiheit (Art. 11, 13 GRCh).[27] Ob die DSM-RL (konkret Art. 17

---

24 Siehe hierzu jüngst EuGH, Urt. v. 22.06.2021, verb. Rs. C-682/18 und C-683/18, ECLI:EU:C:2021:503 – Youtube/Uploaded.

25 Siehe hierzu BGH GRUR 2018, 1132, Rn. 48 ff. – Youtube sowie Wagner, GRUR 2020, 329, 333 ff.; allgemein zur Störerhaftung Leistner, in: Schricker/Loewenheim, Urheberrecht, 6. Aufl. 2020, § 97 Rn. 72 ff.

26 Der exakte Umfang des täglich hochgeladenen Materials ist bei den meisten Plattformen nicht öffentlich bekannt; für Youtube kann aktuell davon ausgegangen werden, dass pro Minute mehr als 500 Stunden Videomaterial hochgeladen werden (siehe hierzu https://www.tubefilter.com/2019/05/07/number-hours-video-uploaded-to-youtube-per-minute/; die tägliche Wiedergabezeit durch die mehr als zwei Milliarden Youtube-Nutzer liegt bei einer Milliarde Stunden (https://www.youtube.com/intl/de/about/press/).

27 Vgl. Spindler, GRUR 2020, 253, 257.

Abs. 4 litc. b und lit c) einen unzulässigen – insbesondere unverhältnismäßigen (Art. 52 Abs. 1 GRCh) – Eingriff in die grundrechtlich geschützten Positionen der Nutzer darstellt, ist aktuell Gegenstand eines durch die Republik Polen angestrengten Nichtigkeitsverfahrens vor dem EuGH, dessen Entscheidung noch im Verlauf des Jahres 2021 erwartet wird.[28]

2. *Umsetzung in das deutsche Recht*

a) Regelungstechnik und Anwendungsbereich

Bei der Umsetzung von Art. 17 DSM-RL hat sich der deutsche Gesetzgeber gegen eine Inkorporation in das bestehende urheberrechtliche System und für die Schaffung eines eigenständigen Urheberrechts-Diensteanbieter-Gesetzes (UrhDaG) entschieden. Vor dem Hintergrund, dass die Regelungen der Plattformhaftung eine ganze Reihe von zum Teil sehr unterschiedlichen urheberrechtlichen Aspekten betreffen (u.a. Haftungsfragen, Urhebervertragsrecht, Schranken und prozedurale Regelungen), ist dieser Ansatz zu begrüßen[29] und führt zu einer übersichtlichen aber gleichzeitig – gerade auch im Vergleich mit den Richtlinienvorgaben – detailreichen und ausdifferenzierten Lösung.

Das neu geschaffene UrhDaG gilt für alle Diensteanbieter i.S.d. Art. 1 Abs. 1 lit. b Notifizierungsrichtlinie (2015/1535)[30], sofern diese es als Hauptzweck ausschließlich oder zumindest auch verfolgen, eine große Menge an von Dritten hochgeladenen urheberrechtlich geschützten Inhalten zu speichern und öffentlich zugänglich zu machen (§ 2 Abs. 1 Nr. 1 UrhDaG), diese Inhalte organisieren (§ 2 Abs. 1 Nr. 2 UrhDaG) und zum Zweck der Gewinnerzielung bewerben (§ 2 Abs. 1 Nr. 3 UrhDaG). Bis hierher entspricht der Anwendungsbereich des UrhDaG nahezu wörtlich dem in Art. 2 Nr. 6 DSM-RL definierten Begriff des „Diensteanbieter[s] für das

---

28 EuGH Rs. C-401/19; in seinen Schlussanträgen vom 15.07.2021 (ECLI:EU:C:2021:613) geht der GenA davon aus, dass die durch Art. 17 DSM-RL vorgesehenen Einschränkungen mit der Meinungs- und Informationsfreiheit vereinbar seien und empfiehlt daher, die Klage der Republik Polen abzuweisen; siehe zur Vereinbarkeit von Art. 17 DSM-RL den den Vorgaben der EU-Grundrechtecharta auch Spindler, GRUR 2020, 253, 257 ff.; Holznagel, ZUM 2020, 1.

29 Zustimmend auch Metzger/Pravemann, ZUM 2021, 288, 289 f.

30 Abl. L 241 v. 17.09.2015, S. 1.

Teilen von Online-Inhalten“[31]. Als zusätzliche und aus ErwGr. 62 UAbs. 1 S. 2 abgeleitete[32] Voraussetzung sieht § 2 Abs. 1 Nr. 4 UrhDaG vor, dass Diensteanbieter mit Online-Inhaltediensten (also insbesondere Streaming-Plattformen wie Netflix oder Spotify) um dieselbe Zielgruppe konkurrieren müssen. Ausdrücklich vom Anwendungsbereich des UrhDaG ausgeschlossen sind die in § 3 UrhDaG genannten Dienste, beispielsweise nicht gewinnorientierte Online-Enzyklopädien (§ 3 Nr. 1 UrhDaG) sowie Online-Marktplätze (§ 3 Nr. 5 UrhDaG).[33] Vom UrhDaG zweifellos erfasst sind damit Plattformen wie Youtube, Vimeo oder Soundcloud. Weniger klar ist dagegen die Anwendbarkeit auf Dienste, deren Hauptzweck im Bereich Live-Streaming liegt (z.B. Twitch) oder bei denen die Konkurrenz zu Inhaltediensten weniger offensichtlich ist (z.B. Twitter).[34]

In § 1 Abs. 1 übernimmt das UrhDaG den Ansatz von Art. 17 Abs. 1 DSM-RL, wonach ein Diensteanbieter eine öffentliche Wiedergabe vornimmt, wenn er der Öffentlichkeit Zugang zu urheberrechtlich geschützten Werken verschafft, die von Nutzern des Dienstes hochgeladen worden sind. Von dieser täterschaftlichen Haftung kann sich ein redlicher (vgl. § 1 Abs. 4 UrhG) Diensteanbieter gem. § 1 Abs. 2 UrhDaG wieder befreien, wenn er „nach Maßgabe hoher branchenüblicher Standards unter Beachtung des Grundsatzes der Verhältnismäßigkeit“ die Pflichten nach § 4 und §§ 7 bis 11 UrhDaG erfüllt, also insbesondere der Obliegenheit[35] zum Lizenzerwerb (§ 4 UrhDaG) sowie den Verpflichtungen zur qualifizierten (§ 7 UrhDaG) und einfachen (§ 8 UrhDaG) Blockierung nachkommt. Eine besondere Bedeutung kommt dabei der qualifizierten Blockierung zu, bei der die Rechtsinhaber den Plattformen entsprechende Informationen über ihr Repertoire zur Verfügung stellen[36] und auf dieser Grundlage verlangen, dass durch Sperrung oder Entfernung die öffentliche Wiedergabe ein-

---

31 Siehe zu diesem Begriff Nordemann/Waiblinger, GRUR 2020, 569, 571 f.; Pravemann, GRUR 2019, 783, 784 f.

32 Begr. RegE S. 131.

33 Für diese Dienste verbleibt es bei den bisherigen Haftungsgrundsätzen; siehe hierzu F. Hofmann, NJW 2021, 1905 Rn. 5.

34 Zu dieser Problematik Becker, ZUM 2020, 681, 683 f.; siehe aber auch Wandtke/Hauck, ZUM 2020, 671, 672 f., wonach das Konkurrenzkriterium in § 2 Abs. 1 Nr. 4 UrhDaG im Zusammenhang mit der in § 2 Abs. 1 Nr. 1 UrhDaG genannten „großen Menge“ urheberrechtlich geschützter Inhalte zu lesen sei.

35 RegE (BT-Drucks. 19/27426), S. 45, 132 f.; ausführlich zur Rechtsnatur der Regelung Metzger/Pravemann, ZUM 2021, 228, 291; F. Hofmann, NJW 2021, 1905 Rn. 9.

36 Zur Mitwirkungsobliegenheit der Diensteanbieter RegE (BT-Drucks. 19/27426), S. 137.

schließlich der zukünftigen Verfügbarkeit verhindert wird („notice-and-prevent“[37]). Aufgrund der schieren Masse an hochgeladenem Material[38] wird den Diensteanbietern dabei kaum etwas anderes übrig bleiben, als automatisierte Verfahren und damit letztlich „Upload Filter“ einzusetzen[39]. Für diesen Fall müssen gem. § 7 Abs. 2 S. 2 UrhDaG die Vorgaben der §§ 9 bis 11 UrhDaG beachtet werden.

b) Urheberrechtsschranken und Prozeduralisierung

Einer der zentralen Punkte für den Ausgleich der durch die Plattformhaftung betroffenen Interessen ist der Umgang mit urheberrechtlich geschützten Inhalten, für die die Plattform keine Nutzungsrechte erworben hat, die aber gleichwohl von den Nutzern rechtmäßig hochgeladen und öffentlich zugänglich gemacht werden. Dies betrifft insbesondere Nutzungen, die vom Zitatrecht (§ 51 UrhG), der neuen Schranken für Karikatur, Parodie und Pastiche (§ 51a UrhG) oder von anderen Schranken des Urheberrechts gedeckt sind. Zur Absicherung der Nutzerbefugnisse sieht Art. 17 Abs. 7 UAbs. 1 DSM-RL zunächst allgemein vor, dass die Zusammenarbeit zwischen Plattform und Rechteinhaber nicht dazu führen darf, dass Werke, bei denen kein Verstoß gegen das Urheberrecht vorliegt, nicht verfügbar sind. Insbesondere haben die Mitgliedstaaten gem. Art. 17 Abs. 7 UAbs. 2 DSM-RL sicherzustellen, dass sich die Nutzer bei der Erstellung und der Veröffentlichung von nutzergenerierten Inhalten auf die Urheberrechtsschranken für Zitate, Kritik und Rezensionen (vgl. Art. 5 Abs. 3 lit. d InfoSoc-RL) sowie Karikaturen, Parodien und Pastiches (vgl. Art. 5 Abs. 3 lit. k InfoSoc-RL) berufen können.

Für den Ausgleich zwischen den Interessen der Rechtsinhaber und den urheberrechtlichen Befugnissen der Nutzer lässt die DSM-RL den Mitgliedstaaten damit einen erheblichen Spielraum. Im Referentenentwurf vom 02.09.2020 war für die Umsetzung zunächst eine zweigliedrige Lösung vorgesehen, die zwischen maschinell nicht überprüfbaren (§ 5 RefE) und maschinell überprüfbaren (§ 6 RefE) gesetzlich erlaubten Nutzungen unterschied. Als maschinell nicht überprüfbar galten dabei alle auf den Schranken des Urheberrechtsgesetzes (§§ 44a ff. UrhG) basierenden Nut-

---

37 Pravemann, GRUR 2019, 783, 786.

38 Siehe hierzu bereits oben Fn. 24.

39 Zur Funktionsweise entsprechender Softwarelösungen auch aus technischer Sicht Raue/Steinebach, ZUM 2020, 355.

zungen, insbesondere Zitate (§ 51 UrhG) sowie Karikaturen, Parodien und Pastiches (§ 51a UrhG n.F.). Nutzer sollten beim Upload die Möglichkeit erhalten, ihre Inhalte als gesetzlich erlaubt zu kennzeichnen (§ 8 Abs. 1 Nr. 3 RefE). Die Inhalte konnten dann durch die Plattform weiterhin öffentlich wiedergegeben werden, es sei denn die Kennzeichnung war offensichtlich unzutreffend (§§ 12, 8 Abs. 2 RefE). Unter dem Begriff maschinell überprüfbare gesetzlich erlaubte Nutzungen sah § 6 RefE eine eigenständige neue (gem. § 7 Abs. 2 S. 1 RefE vergütungspflichtige) Urheberrechtsschranke vor, die bestimmte konkret nach ihrem Umfang definierte Bagatellnutzungen (beispielsweise bis zu 20 Sekunden eines Films oder Laufbildes) erfassen sollte. Mit dieser neu geschaffenen Schranke verfolgte der Referentenentwurf einen pragmatischen Ansatz, der vor dem Hintergrund des abschließenden Schrankenkatalogs in Art. 5 InfoSoc-RL aber durchaus Fragen aufwarf. Diese Problematik versuchte der Referentenentwurf argumentativ dadurch zu umgehen, dass er Art. 17 DSM-RL als „neuartiges Rechtsregime sui generis für Diensteanbieter eines neuen Typs" einstufte, das neben den Vorgaben der InfoSoc-RL stehe.[40] Wirklich überzeugen konnte dies allerdings nicht: Art. 17 DSM-RL baut ersichtlich auf den bereits erfolgten Harmonisierungsbemühungen auf und setzt hinsichtlich der Nutzerrechte bereits das Vorbestehen harmonisierter Schranken voraus. Darauf, dass mit der DSM-RL ein vollständiges neuartiges Instrument eingeführt oder gar das Tor zur Neuschaffung von Urheberrechtsschranken in den Mitgliedstaaten geöffnet worden wäre, findet sich kein Hinweis.[41] Diese Argumente überzeugten offenbar schließlich auch die Bundesregierung, die im weiteren Verlauf der Richtlinienumsetzung und im Regierungsentwurf vom 03.02.2021 die Differenzierung zwischen maschinell nicht überprüfbaren und maschinell überprüfbaren gesetzlich erlaubten Nutzungen sowie die damit verbunden Bagatellschranken nicht mehr weiterverfolgte.

Das UrhDaG in seiner schließlich verabschiedeten Form regelt den Ausgleich nunmehr prozedural[42] und deutlich differenzierter. Kommen im Rahmen einer qualifizierten Blockierung (§ 7 UrhDaG) automatisierte Verfahren zum Einsatz (was gerade bei größeren Plattformen praktisch immer der Fall sein dürfte), so finden – außer bei Filmen/Laufbildern bis

40 RefE S. 44.

41 Ausführlich F. Hofmann, ZUM 2020, 665, 669 f., Leistner, ZUM 2020, 505, 506 f.; Becker, ZUM 2020, 681, 685; Stieper, GRUR 2020, 699, 703 f.

42 RegE (BT-Drucks. 19/27426), S. 46 („neuartiges prozedurales Instrument zur Verhinderung unverhältnismäßiger Blockierungen").

zum Abschluss ihrer erstmaligen öffentlichen Wiedergabe[43] – für die hochgeladenen Inhalte die §§ 9 bis 11 UrhDaG Anwendung (§ 7 Abs. 2 S. 2, 3 UrhDaG). Dabei gilt als Grundregel, dass „mutmaßlich erlaubte Nutzungen" bis zum Abschluss eines Beschwerdeverfahrens (§ 14 UrhDaG) weiterhin öffentlich wiederzugeben sind. § 9 Abs. 2 UrhDaG stellt dabei eine widerlegliche Vermutung auf: Nutzergenerierte Inhalte gelten danach als mutmaßlich erlaubt, wenn die Inhalte weniger als die Hälfte eines Werkes eines Dritten oder mehrere Werke Dritter enthalten (§ 9 Abs. 2 S. 1 Nr. 1 UrhDaG), diese Werkteile mit anderem Inhalt kombinieren (§ 9 Abs. 2 S. 1 Nr. 2 UrhDaG) und schließlich entweder Werke Dritter nur geringfügig i.S.d. § 10 UrhDaG nutzen oder die als gesetzlich erlaubt gekennzeichnet (§ 11 UrhDaG) sind (§ 9 Abs. 2 S. 1 Nr. 3 UrhDaG). Abbildungen dürfen nach den Maßgaben von § 10 und § 11 UrhDaG vollständig genutzt werden (§ 9 Abs. 2 S. 2 UrhDaG). Mit der geringfügigen Nutzung in § 10 UrhDaG führt das UrhDaG damit die Grundidee der Bagatellnutzung aus § 6 RefE in modifiziertem prozeduralem Gewand unionsrechtskonform weiter.[44]

Die §§ 9 bis 11 UrhDaG bewirken einen urheberrechtlichen Schwebezustand: Mutmaßlich erlaubte Nutzungen sind bis zum Abschluss eines internen Beschwerdeverfahrens nach § 14 UrhDaG öffentlich wiederzugeben. Eine Haftung des Diensteanbieters ist bis zum Abschluss des Verfahrens bzw. längstens bis zum Ablauf der einwöchigen Entscheidungsfrist ausgeschlossen (§ 12 Abs. 2 S. 1 UrhDaG). Auch für den Nutzer besteht – allerdings nur bei geringfügigen Nutzungen i.S.d. § 10 UrhDaG – keine urheberrechtliche Verantwortlichkeit (§ 12 Abs. 3 UrhDaG).[45] Als Ausgleich für die Rechtsinhaber besteht während des Schwebezustands ein Vergütungsanspruch (§ 12 Abs. 1 UrhDaG). Zudem können „vertrauenswürdige Rechtsinhaber" nach Prüfung durch eine natürliche Person im Sinne eines

---

43 Diese Ausnahme wurde erst spät im Verlauf des Gesetzgebungsverfahren eingefügt und dient insbesondere dem Schutz der Live-Übertragungen von Sportveranstaltungen; siehe hierzu BT-Drucks. 19/29894 S. 52, 97 sowie allgemein Bischoff/Brost, MMR 2021, 303.

44 RegE (BT-Drucks. 19/27426), S. 46; für eine prozedurale Lösung im Sinne eines „pre flagging" kraft Gesetzes bereits F. Hofmann, ZUM 2020, 665, 670; kritisch zum prozeduralen Ansatz des UrhDaG und zur Vereinbarkeit mit dem Unionsrecht Conrad/Nolte, ZUM 2021, 111, 120 f.; Metzger/Pravemann, ZUM 2021, 288, 294 f. („Sekundärschranke für Bagatellfälle").

45 Zur höchst fraglichen Vereinbarkeit dieser Freistellung mit den unionsrechtlichen Vorgaben (insbesondere den abschließenden Urheberrechtsschranken in Art. 5 InfoSoc-RL) Leistner, ZUM 2020, 897, 905 Metzger/Pravemann, ZUM 2021, 288, 295; F. Hofmann, NJW 2021, 1905 Rn. 19.

„Red Button" erklären, dass die Vermutung nach § 9 Abs. 2 UrhDaG widerlegt ist und dass die fortdauernde öffentliche Wiedergabe die wirtschaftliche Verwertung des Werkes erheblich beeinträchtigt. In diesen Fällen ist der Diensteanbieter bis zum Abschluss des Beschwerdeverfahrens zur sofortigen Blockierung verpflichtet (§ 14 Abs. 4 UrhDaG).

3. Situation für kleine und mittlerer Unternehmen

Die Auswirkungen der Richtlinienumsetzung auf kleine und mittlere Unternehmen unterscheiden sich nach der jeweiligen Position im Dreiecksverhältnis. So können Unternehmen als Diensteanbieter (a), als Rechtsinhaber (b) oder als Nutzer/Content Creator (c) von den Regelungen des UrhDaG betroffen sein.

a) Kleine und mittlere Unternehmen als Diensteanbieter

Die Erfüllung der in Art. 17 DSM-RL respektive im UrhDaG enthaltenen Pflichten ist für die Diensteanbieter mit erheblichem finanziellem und organisatorischem Aufwand verbunden und zielt – was die politische Diskussion in der Entstehungsphase der Richtlinie eindrucksvoll gezeigt hat – primär auf „Big Player" wie Youtube oder Facebook[46], die für die Einhaltung regulatorischer Vorgaben über nahezu unbegrenzte finanzielle Mittel verfügen. Es lag daher nahe, für neue Marktteilnehmer sowie für kleinere und mittlere Unternehmen Ausnahmen und Erleichterungen im Haftungsregime für Plattformen bereit zu halten.

Die DSM-Richtlinie selbst sieht derartige Erleichterungen in Art. 17 Abs. 6 (nur) für neue Anbieter vor, deren Dienste der Öffentlichkeit in der Union seit weniger als drei Jahren zur Verfügung stehen und deren Jahresumsatz berechnet nach der Empfehlung der Kommission 2003/361/EG[47] 10 Mio. EUR nicht übersteigt. Für sie gilt lediglich die Pflicht zur Einholung von Nutzungsrechten (Art. 17 Abs. 4 lit. a DSM-RL) sowie zur Sperrung nach Erhalt hinreichend begründeter Hinweise (Art. 17 Abs. 6 UAbs. 1 DSM-RL). Übersteigt bei derartigen Diensten – berechnet auf Grundlage des vorausgegangenen Kalenderjahres – die durchschnittliche monatliche Anzahl unterschiedlicher Benutzer die Marke von 5 Millionen,

46 F. Hofmann, NJW 2021, 1905 Rn. 4.
47 Abl. L 124 v. 20.05.2003, S. 36.

so müssen die Anbieter zusätzlich auf Basis der von Rechteinhabern bereitgestellten Informationen alle Anstrengungen unternehmen, um das künftige Hochladen gemeldeter Inhalte zu verhindern.[48]

Diese Vorgaben der DSM-Richtlinie übernimmt das UrhDaG in § 2 Abs. 2 mit dem Begriff der „Startup-Diensteanbieter". Für sie entfällt gem. § 7 Abs. 4 UrhDaG die Pflicht zur qualifizierten Blockierung, solange die durchschnittliche monatliche Anzahl unterschiedlicher Besucher 5 Millionen nicht übersteigt. Als zusätzliche Kategorie führt § 2 Abs. 3 UrhDaG den Begriff „kleine Diensteanbieter" ein. Darunter werden Unternehmen mit einem jährlichen Umsatz innerhalb der Europäischen Union von bis zu 1 Million Euro verstanden. Für sie gilt – anders als für Startup Diensteanbieter – keine generelle Freistellung, sondern gem. § 7 Abs. 5 UrhDaG eine (dafür dauerhafte) widerlegliche Vermutung dahingehend, dass sie im Hinblick auf den Grundsatz der Verhältnismäßigkeit nicht zur qualifizierten Blockierung verpflichtet sind. Im Hinblick auf die Vorgaben der DSM-RL, wonach die mit der Plattformhaftung verbundenen Verpflichtungen ausdrücklich unter dem Vorbehalt einer Verhältnismäßigkeitskontrolle stehen und dabei insbesondere der Umfang der Dienste sowie die Verfügbarkeit und Kosten für geeignete und wirksame (Kontroll-)Mittel zu berücksichtigen sind (Art. 17 Abs. 5 DSM-RL) dürfte diese Einschränkung keinen unionsrechtlichen Bedenken begegnen und wird die Rechtssicherheit bei der Anwendung des UrhDaG für kleine Unternehmen deutlich erhöhen. Für wirtschaftlich schwächere Unternehmen, die die Umsatzschwelle von 1 Million Euro übersteigen, gilt zwar nicht die widerlegliche Vermutung von § 7 Abs. 5 UrhDaG. Jedoch wird auch hier vor dem Hintergrund der Verhältnismäßigkeit stets zu fragen sein, in welchem Umfang und vor allem mit welchem technischen Aufwand der jeweilige Anbieter seinen Pflichten nach § 1 Abs. 2 UrhDaG nachkommen muss. Dabei wird es auch eine Rolle spielen, ob der in Rede stehende Dienst beim jeweiligen Anbieter alleiniger Hauptzweck ist oder als einer von mehreren verfolgten Zwecken gilt (vgl. 2 Abs. 1 Nr. 1 UrhDaG).

b) Kleine und mittlere Unternehmen als Rechtsinhaber

Kleine und mittlere Unternehmen können durch die Regelungen zur Plattformhaftung auch als Rechteinhaber betroffen sein, die an ihren In-

48 Kritisch hierzu Pravemann, GRUR 2019, 783, 787 (Startup-Privileg „schwach" und „unnötig kompliziert").

halten Nutzungsrechte für Plattformen einräumen wollen. Denkbar ist dies beispielsweise bei Medienunternehmen wie etwa Verlagen oder Bildagenturen. Ähnlich wie bei den Diensteanbietern standen auch insoweit im politischen Diskurs eher die großen Rechtsinhaber sowie die Verwertungsgesellschaften im Vordergrund.

Hinsichtlich des Lizenzerwerbs sieht die DSM-RL zunächst keine Einschränkung bei der Größe oder Bedeutung der Rechtsinhaber vor, sondern statuiert in Art. 17 Abs. 1 UAbs. 2 eine generelle Pflicht zur Einholung von Nutzungsrechten. Diese Pflicht steht allerdings – wie auch die sonstigen Anforderungen an die Plattformbetreiber – gem. Art. 17 Abs. 5 DSM-RL unter einem Verhältnismäßigkeitsvorbehalt. Das UrhDaG setzt diese Vorgaben in § 4 wie folgt um: Die Obliegenheit zum Erwerb von Nutzungsrechten besteht nicht universell und hinsichtlich aller angebotener Nutzungsrechte, sondern nur für tatsächliche erfolgte Angebote (§ 4 Abs. 1 S. 2 Nr. 1 UrhDaG), die von repräsentativen Rechtsinhabern stammen, die der Diensteanbieter kennt (§ 4 Abs. 1 S. 2 Nr. 2 UrhDaG) oder über inländische Verwertungsgesellschaften oder abhängige Verwertungseinrichtungen erworben werden können (§ 4 Abs. 1 S. 2 Nr. 3 UrhDaG). Zudem müssen die Nutzungsrechte für Inhalte gelten, die der Diensteanbieter ihrer Art nach offensichtlich in mehr als geringfügigen Mengen wiedergibt (§ 4 Abs. 2 Nr. 1 UrhDaG), die in Bezug auf Werke und Rechtsinhaber ein erhebliches Repertoire umfassen (§ 4 Abs. 2 Nr. 2 UrhDaG), den räumlichen Geltungsbereich des UrhDaG abdecken (§ 4 Abs. 2 Nr. 3 UrhDaG) und die schließlich angemessene Bedingungen für die Nutzung vorsehen (§ 4 Abs. 2 Nr. 4 UrhDaG).

Für wirtschaftlich weniger starke Rechtsinhaber werden insbesondere die Voraussetzungen nach § 4 Abs. 1 S. 2 Nr. 2 UrhDaG (Repräsentativität) und § 4 Abs. 2 Nr. 2 UrhDaG (erhebliches Repertoire) kaum zu erfüllen sein. Sie werden daher unmittelbar am Prozess der Einräumung von Nutzungsrechten häufig nicht teilhaben können und erhalten durch das UrhDaG einen Anreiz zur kollektiven Rechtewahrnehmung durch Verwertungsgesellschaften oder zum Zusammenschluss mit anderen Rechtsinhabern.[49]

49 Metzger/Pravemann, ZUM 2021, 228, 291.

c) Kleine und mittlere Unternehmen als Nutzer/Content-Creator

Kleine und mittlere Unternehmen können ferner von den Vorgaben des UrhDaG betroffen sein, wenn sie selbst nutzergenerierte Inhalte erstellen. Denkbar ist dies beispielsweise beim Upload von Mediendateien mit urheberrechtlich geschützten Drittinhalten auf Content-Plattformen wie Youtube oder bei der Verwendung vorbestehender Werke im Rahmen von Marketingkampagnen in Sozialen Medien. Hier besteht für kleine und mittlere Unternehmen – wie für alle Nutzer – zunächst die Herausforderung, im Rahmen der Kennzeichnungspflicht (§ 11 UrhDaG) die Zulässigkeit der Verwendung urheberrechtlich geschützter Werke richtig einzuschätzen.

Ferner können gerade kleine und mittlere Unternehmen vor dem Problem stehen, dass vertragliche Nutzungsrechte zwischen Rechtsinhaber und Diensteanbieter – anders als bei Nutzern, die nicht gewerblich handeln oder die keine erheblichen Einnahmen erzielen (siehe hierzu § 6 Abs. 1 UrhDaG) – nicht kraft Gesetzes zu ihren Gunsten wirken. Für sie kann es daher erforderlich werden, individuelle Nutzungsrechte von den Rechtsinhabern zu erwerben, die dann gem. § 6 Abs. 2 UrhDaG auch zugunsten der Plattform wirken. Dabei könnte es sich als Nachteil herausstellen, dass für die Plattform in § 11 UrhDaG keine gesetzliche Verpflichtung besteht, den Nutzern beim Upload eine Kennzeichnung als vertraglich erlaubt zu ermöglichen.[50]

III. Karikatur, Parodie und Pastiche (§ 51a UrhG)

1. Hintergrund der Neuregelung und Zusammenhang mit der DSM-RL

Die neu geschaffene Schranke für Karikatur, Parodie und Pastiche (§ 51a UrhG) und die damit verbundenen Neuregelungen im Bereich Bearbeitung/freie Benutzung lassen sich nicht nur auf die Vorgaben der DSM-RL zurückführen, sondern finden ihre Grundlage auch in der nahezu 20-

50 Siehe zu diesem Kritikpunkt Reda/Selinger, Stellungnahme Gesellschaft für Freiheitsrechte e.V. zu dem Gesetzesentwurf der Bundesregierung zur Anpassung des Urheberrechts an die Erfordernisse des digitalen Binnenmarkts vom 16.03.2021, S. 5 (https://freiheitsrechte.org/stellungnahme-urheberrechtsreform/) mit dem Hinweis, dass dies gerade bei kurzlebigen Trends wie der Anfang 2021 populären „Jerusalema Challenge“ im Falle von lizenzgedeckten Videos zur Sperrung legaler Inhalte führen kann.

jährigen Prozessgeschichte zu „Metall auf Metall“. Gegenstand des immer noch nicht abgeschlossenen Verfahrens ist die Verwendung einer ca. 2-sekündigen Rhytmussequenz aus dem Tonträger „Metall auf Metall“ (Kraftwerk 1977 – Trans Europa Express) in dem 1997 erschienenen und mit der Sängerin Sabrina Setlur eingespielten Stück „Nur mir“. Die Mitglieder der Gruppe Kraftwerk berufen sich in dem Rechtsstreit als Inhaber des Leistungsschutzrechts für Tonträgerhersteller auf ihr Ausschließlichkeitsrecht nach § 85 Abs. 1 S. 1 UrhG und machen einen daraus abgeleiteten Unterlassungsanspruch (§ 97 Abs. 1 UrhG) geltend, der unter anderem davon abhängt, ob das im Werk „Nur mir“ vorgenommene Sampling als freie Benutzung i.S.d. § 24 UrhG eingeordnet werden kann. Nachdem der Rechtsstreit im bisherigen Verlauf (z.T. mehrfach) die Instanzgerichte, den Bundesgerichtshof und das Bundesverfassungsgericht beschäftigt hatte[51], äußerte sich schließlich der EuGH im Jahr 2019 zur Frage der unionsrechtlichen Vereinbarkeit von § 24 UrhG mit den Vorgaben der InfoSoc-RL.[52] Er stellte klar, dass die in Art. 5 InfoSoc-RL vorgesehenen Ausnahmen und Beschränkungen abschließend seien und dass eine nationale Vorschrift wie § 24 UrhG – die keine Entsprechung im Unionsrecht finde – mit diesen Vorgaben unvereinbar sei.[53] Dem folgend legte der BGH in seiner anschließenden Entscheidung § 24 UrhG richtlinienkonform dahingehend aus, dass für Nutzungshandlungen ab dem 22.12.2002 (zeitliche Anwendbarkeit der InfoSoc-RL[54]) eine freie Benutzung in der Funktion als Urheberrechtsschranke nicht mehr in Betracht komme.[55]

Die Tage von § 24 UrhG in seiner Hybridfunktion als Schutzbereichsbegrenzung und Urheberrechtsschranke[56] waren damit – jedenfalls nach Auffassung des EuGH – gezählt. Um die bislang unter § 24 UrhG subsumier-

---

51 LG Hamburg, Urt. v. 08.10.2004 – 308 O 90/99, BeckRS 2013, 7726; OLG Hamburg ZUM 2006, 758; BGH GRUR 2009, 403 – Metall auf Metall, OLG Hamburg ZUM 2011, 748 – Metall auf Metall; BGH ZUM 2013, 484 – Metall auf Metall II; BVerfG ZUM 2016, 626; BGH GRUR 2017, 895 – Metall auf Metall III (Vorlagebeschluss).

52 EuGH, Urt. v. 29.07.2019, Rs. C-476/17, ECLI:EU:C:2019:624, GRUR 2019, 929 – Pelham/Hütter.

53 Ebd. Rn. 56 ff.; ausführlich zu Vereinbarkeit von § 24 UrhG a.F. mit dem Unionsrecht Stieper GRUR 2020, 699, 706 ff. (m.w.N.).

54 Siehe Art. 10 Abs. 1 InfoSoc-RL.

55 BGH GRUR 2020, 843 Rn. 32 ff. – Metall auf Metall IV m. Anm. Ohly, GRUR 2020, 851.

56 BGH GRUR 2016, 1157 Rn. 24 – auf fett getrimmt; BGH GRUR 2017, 895 Rn. 39 – Metall auf Metall III; Ohly, GRUR 2017, 964, 967 f.; Stieper, GRUR 2020, 699, 705 f.; ders., in: Schricker/Loewenheim, 6. Aufl. 2020, Vor §§ 44a ff. Rn. 21.

ten Schrankenkonstellationen weiterhin zu erhalten, bedurfte es daher einer gesetzlichen Neuregelung. Auch aus einem anderen Grund bestand für den Gesetzgeber Handlungsbedarf: Zwar sind die in Art. 5 Abs. 3 InfoSoc-RL vorgesehenen Schranken im Grunde optional, für den Bereich der Plattformhaftung sieht Art. 17 Abs. 7 UAbs. 2 lit. b DSM-RL jedoch ausdrücklich und bindend vor, dass sich die Nutzer der Dienste unter anderem auf Ausnahmen oder Beschränkungen für Karikaturen, Parodien oder Pastiches berufen können.[57] Diesen Vorgaben folgend hob der Gesetzgeber § 24 UrhG auf. Soweit die Vorschrift eine Funktion als Schutzbereichsbegrenzung erfüllt hatte (z.B. bei der Verwendung urheberrechtlich geschützter Werke als Inspiration für eigenes Werkschaffen oder bei der Übernahme urheberrechtlich nicht geschützter Werkelemente[58]), erfolgte eine Modifikation von § 23 Abs. 1 UrhG. Die bislang von § 24 UrhG erfasste Parodiefreiheit geht in der neu geschaffenen Schranke des § 51a UrhG auf, die in Anlehnung an Art. 5 Abs. 3 lit. k InfoSoc-RL und Art. 17 Abs. 7 UAbs. 2 lit. b DSM-RL die Nutzung veröffentlichter urheberrechtlich geschützter Werke „zum Zweck der Karikatur, der Parodie und des Pastiches" erlaubt.

2. *Inhalt und Anwendungsbereich von § 51a UrhG n.F.*

Soweit § 51a UrhG Nutzungen für Karikaturen und Parodien erlaubt, sind keine nennenswerten Veränderungen zur bisherigen Rechtslage[59] und zur Auslegung von § 24 UrhG a.F. zu erwarten. Offen ist dagegen, wie die „große Unbekannte"[60] aus Art. 5 Abs. 3 lit. k InfoSoc-RL, der „Pastiche", in Zukunft zu handhaben sein wird. Unter dem Begriff „Pastiche" werden Nutzungshandlungen verstanden, die sich über die (urheberrechtlich unproblematische) Stilimitation hinaus mit vorbestehenden Werken auseinandersetzen und dabei urheberrechtlich geschützte Elemente fremder Werke beispielsweise als Ausdruck von Wertschätzung oder Ehrerbietung

57 RegE (BT-Drucks. 19/27426), S. 89; Metzger/Pavemann, ZUM 2021, 288, 293; Schack GRUR 2021, 904, 906; Stieper GRUR 2020, 699, 700.

58 Vgl. EuGH, Urt. v. 16.07.2009, Rs. C-5/08, ECLI:EU:C:2009:465, GRUR 2009, 1041 Rn. 51 – Infopaq; siehe auch Schack, GRUR 2021, 904, 906.

59 Siehe hierzu Schulze, in: Dreier/Schulze, 6. Aufl. 2018, § 24 Rn. 25 ff.

60 Ohly, GRUR 2021, 851, 852; ähnlich Schack, GRUR 2021, 904, 906 („ungeklärter und nebelhafter Begriff").

übernehmen.[61] Besondere Bedeutung wird dem Pastiche vor allem im Zusammenhang mit nutzergenerierten Inhalten in den Sozialen Medien oder auf Videosharing-Plattformen bei Phänomenen wie Memes, Mashups, Fan Art, Fan Fiction oder Sampling zugeschrieben.[62]

Darauf, ob die Nutzung kommerzieller oder nicht-kommerzieller Natur ist, kommt es bei § 51a UrhG im Ansatz ebenso wenig an, wie auf das genutzte Medium oder das gewählte Genre; erforderlich ist aber stets eine Einzelfallabwägung zwischen den betroffenen Interessen des Rechtsinhabers auf der einen und des Nutzers (meist in Form der Meinungs- oder Kunstfreiheit) auf der anderen Seite.[63] Der Begriff „Pastiche" wird dabei unionsrechtsautonom auszulegen sein und aufgrund der erforderlichen Interessenabwägung nicht pauschal alle Formen nutzergenerierter Inhalte umfassen. Bei der Abwägung wird es auch eine Rolle spielen, ob auf Seiten des Nutzers primär eine Gewinnerzielung im Vordergrund steht.[64] Ferner kann berücksichtigt werden, dass § 51a UrhG zwar nicht generell mit einer Vergütungspflicht verknüpft ist, eine solche aber für Nutzungen auf Grundlage des UrhDaG vorgesehen ist (§§ 5 Abs. 2, 12 Abs. 1 UrhDaG).[65] Damit ist auch denkbar, dass auf Plattformen, die unter das UrhDaG fallen, weitergehende Nutzungsmöglichkeiten auf Grundlage von § 51a UrhG möglich sind als außerhalb entsprechender Dienste.

---

61 RegE (BT-Drucks. 19/27426), S. 91; ausführlich zum Begriff des „Pastiche" i.S.d. Art. 5 Abs. 3 lit. k InfoSoc-RL Pötzlberger, GRUR 2018, 675, 677 ff.; Stieper, GRUR 2020, 699, 702 f.

62 RegE (BT-Drucks. 19/27426), S. 91; ausführlich zu den erfassten Fallgruppen Stieper, GRUR 2020, 792, 796 ff.

63 RegE (BT-Drucks. 19/27426), S. 90;

64 Stieper, GRUR 2020, 792, 794 f., 796.

65 Die neu geschaffene Schranke für Karikatur, Parodie und Pastiche unterscheidet sich damit hinsichtlich der Vergütungspflicht von anderen Kommunikationsschranken (insbesondere § 51 UrhG), die auch im Zusammenhang mit dem UrhDaG vergütungsfrei sind (§ 5 Abs. 2 S. 1 UrhDaG); die Beschränkung der Vergütungspflicht auf § 51a UrhG wurde erst spät im Gesetzgebungsverfahren eingefügt (BT-Drucks. 19/29894, S. 97) und berücksichtigt damit die Kritik aus Zivilgesellschaft und Rechtswissenschaft (siehe das Positionspapier unter https://www.zar.kit.edu/downloads/News/Positionspapier%20der%20Urheberrechtswissens.pdf) an der ursprünglich deutlich weitergehenden Vergütungspflicht des RefE; in ihrer im Zusammenhang mit der Zustimmung zur DSM-RL im Ministerrat veröffentlichten Protokollerklärung (s.o. Fn. 13) hatte sich die Bundesregierung dagegen für eine Vergütungsfreiheit auch für Karikaturen, Parodien und Pastiches ausgesprochen; ausführlich zur Vergütungspflicht im Rahmen von § 5 Abs. 2 UrhDaG Stieper, ZUM 2021, 387, 389 ff.

3. *Auswirkungen auf Rechtsinhaber und Nutzer, insbesondere im Bereich kleiner und mittlerer Unternehmen*

Wie sich der neu geschaffene § 51a UrhG konkret auf Rechtsinhaber und Nutzer auswirken wird, lässt sich zum aktuellen Zeitpunkt noch nicht verlässlich abschätzen und allenfalls grob skizzieren. Sicher dürfte jedenfalls sein, dass für bestimmte Nutzungshandlungen im Bereich user generated content nunmehr erstmalig eine ausdrückliche Schranke existiert, die als Rechtfertigung beispielsweise für die Nutzung von Fotografien oder Abbildungen im Zusammenhang mit Memes in Frage kommt. Im Vergleich zur bisherigen Rechtslage, bei der häufig unklar war, ob und unter welchen Voraussetzungen derartige Nutzungen von § 24 oder § 51 UrhG erfasst sein können[66], stellt dies vor allem für Nutzer eine erhebliche Verbesserung der Rechtssicherheit dar. Hiervon werden auch kleine und mittlerer Unternehmen profitieren, die beispielsweise im Zusammenhang mit Marketing-Kampagnen auf Sozialen Medien – wie es vor allem größere Unternehmen schon länger erfolgreich praktizieren[67] – Internetphänomene wie Memes nutzen möchten.

In welchem Umfang sich für Rechtsinhaber (beispielsweise aus dem Bereich Bildagenturen oder der Filmbranche) die Neuregelung in einer verstärkten schrankenbasierten Nutzung ihrer Werke im Bereich user generated content (etwa durch Memes oder Fan Art) niederschlagen wird, ist schwer vorherzusagen. Sicher dürfte aber sein, dass auch sie von der durch die Einführung von § 51a UrhG erhöhten Rechtssicherheit profitieren werden. Dies gilt insbesondere für Nutzungshandlungen auf Plattformen, die dem UrhDaG unterfallen. Zwar werden Rechtsinhaber hier durch die Neuschaffung von § 51a UrhG in größerem Umfang als bisher die Nutzung ihrer Werke hinnehmen müssen, im Gegenzug werden sie aber von der in diesem Bereich eingeführten Vergütungspflicht[68] profitieren. Gerade für Einzelurheber wie für kleinere und mittlere Unternehmen, die bislang derartige Nutzungen schlicht geduldet haben, dürfte sich die Situation damit verbessern. Wegen der Verwertungsgesellschaftspflicht der Ver-

---

66 Siehe hierzu Maier, GRUR-Prax 2016, 397; Peifer, ZUM 2016, 805.

67 Siehe hierzu beispielsweise die Verwendung des Bildes eines jubelnden Schweizer Fans durch DBCargo in einem Tweet vom 29.06.2021 (https://twitter.com/DB_Cargo/status/1409793377839820800) oder die Verwendung des „Merkel-Memes" durch Sixt in einem Tweet vom 10.06.2015 (https://twitter.com/SixtDE/status/608499108861612033); zur Verbreitung von Memes siehe u.a. Johann/Bülow, kommunikation@gesellschaft 19, S. 1 ff.

68 S.o. Fn. 60.

gütungsansprüche (§§ 5 Abs. 2 S. 3, 12 Abs. 1 S. 2 UrhDaG) wird dabei ein zusätzlicher Anreiz zur kollektiven Rechtewahrnehmung geschaffen.

D. Zusammenfassung

Mit der Umsetzung der DSM-RL in das deutsche Recht hat die zum Teil hochemotional geführte Debatte über die Urheberrechtsreform einen vorläufigen Schlusspunkt gefunden. Welche konkreten Auswirkungen die Reform haben wird, wird sich erst in Zukunft zeigen. Gerade in Bezug auf die umstrittene Plattformhaftung weckt die detaillierte und durchdachte Umsetzung durch das UrhDaG die Hoffnung auf einen angemessenen Ausgleich aller beteiligten Interessen. Auch wenn sich die politische und zivilgesellschaftliche Diskussion primär um die großen Player und Plattformen der Internetwirtschaft gedreht hat, zeigt die Umsetzung (vor allem durch die Einführung des Begriffs der „kleinen Diensteanbieter" in § 2 Abs. 3 UrhDaG), dass auch die Situation wirtschaftlich schwächerer Beteiligter berücksichtigt wurde. Der deutsche Gesetzgeber hat insgesamt bei der Umsetzung der DSM-RL vieles richtig gemacht und die Rechtssicherheit für alle Beteiligten erhöht. Dabei wird sich auch positiv auswirken, dass für schwächere Rechtsinhaber weitere Anreize zur kollektiven Rechtewahrnehmung geschaffen wurden.

FSC
www.fsc.org
MIX
Papier | Fördert gute Waldnutzung
FSC® C083411

Kolibri 360 GmbH
Ferdinand-Jühlke-Straße 7
99095 Erfurt, Deutschland
produktsicherheit@kolibri360.de